てにをは

日本語の助詞の
意味や働き、使い方を
まるごと整理！

くらべてわかる

てにをは
日本語助詞辞典

氏原庸子・清島千春・井関幸・影島充紀・佐伯玲子（大阪 YWCA）共著

をは

Jリサーチ出版

はじめに

日本語を教えている教室では、学習者から「助詞が分からない」「助詞に自信がない」という声を、先生方からも「どうやって助詞を教えていいのか分からない」という声をよく聞きます。日本語を理解していくうえで避けて通れないのが「助詞」なのです。そこで今回、そんな皆様の助けになればと、「助詞」の総合辞典を作りました。

「くらべてわかる」シリーズのこれまでの本と同様、他の助詞との対比も交えながら、要点をスッキリ整理してみました。特に、日本語教室で日々忙しく教えてらっしゃる先生方や、経験が浅く説明に自信が持てないという先生方のお役に立てればうれしいです。もちろん、日本語を学んでいる上級者の方にも、参考にしていただければ日本語上達の弾みとなるでしょうし、一般の方々にも、日本語を楽しみ、日本語について新たな発見をする機会にしていただけるかもしれません。

本書は「てにをは」、すなわち助詞の意味や働き、使い方を理解し整理するために約100の助詞を取り上げました。そのほとんどで教え方のポイントを明記し、さらに授業で使える例文もたくさん掲載しました。

助詞を理解することで、日本語そのものの理解も大いに進むことでしょう。読者の皆さんが日本語の面白さにさらに興味を持ち、日本語を教えることや学ぶことが今よりもっと楽しくなりますよう、執筆者一同、心から願っております。

著者一同

目次

本書の使い方

● 取り上げている項目の通し番号です。

※グループ6「複合助詞」については、個々の助詞に対してではなく、分類分けしたグループごとにつけています。

※グループ7「接頭辞・接尾辞」については、2項目で1組として、それぞれにつけています。また、このセクションのみ、助詞以外を扱った内容になっています。

● 助詞の種類とその特徴を示しています。

● 主な働きを取り上げます。

● 基本的例文を示しています。

● 公式：取り上げた「機能」に沿ってポイントを解説しています。

3

格助詞
主に名詞に付いて、他の語との関係を表す

～に

機能1 場所を示す①――移動の目的地

1 学校**に**行く。

2 富士山**に**登る。

公式1 → 文によっては移動の方向を表す「へ」と区別なく使うこともあります。

O あっち**へ**行って。
O あっち**に**行って。

公式2 → 到達点・目的地をはっきりさせたいときは「に」を使います。

O ロンドン**に**留学する。
✕ ロンドン**へ**留学する。

機能2 場所を示す②――移動や動作の対象

1 いす**に**座る。

2 スマホをテーブル**に**置く。

公式3 →「に」は到達点を表し、「へ」は方向を表します

O 洗濯物をベランダ**に**干す。
✕ 洗濯物をベランダ**へ**干す。

公式4 →「[場所] に入る / 着く」と「[場所] を出る / 発つ」は組みになっているので、組み合わせで覚えます。

O 教室**に**入る ↔ 教室**を**出る
O 小学校**に**入学する ↔ 小学校**を**卒業する
O 電車**に**乗る ↔ 電車**を**降りる
O 日本**に**来る ↔ 日本**を**去る

20

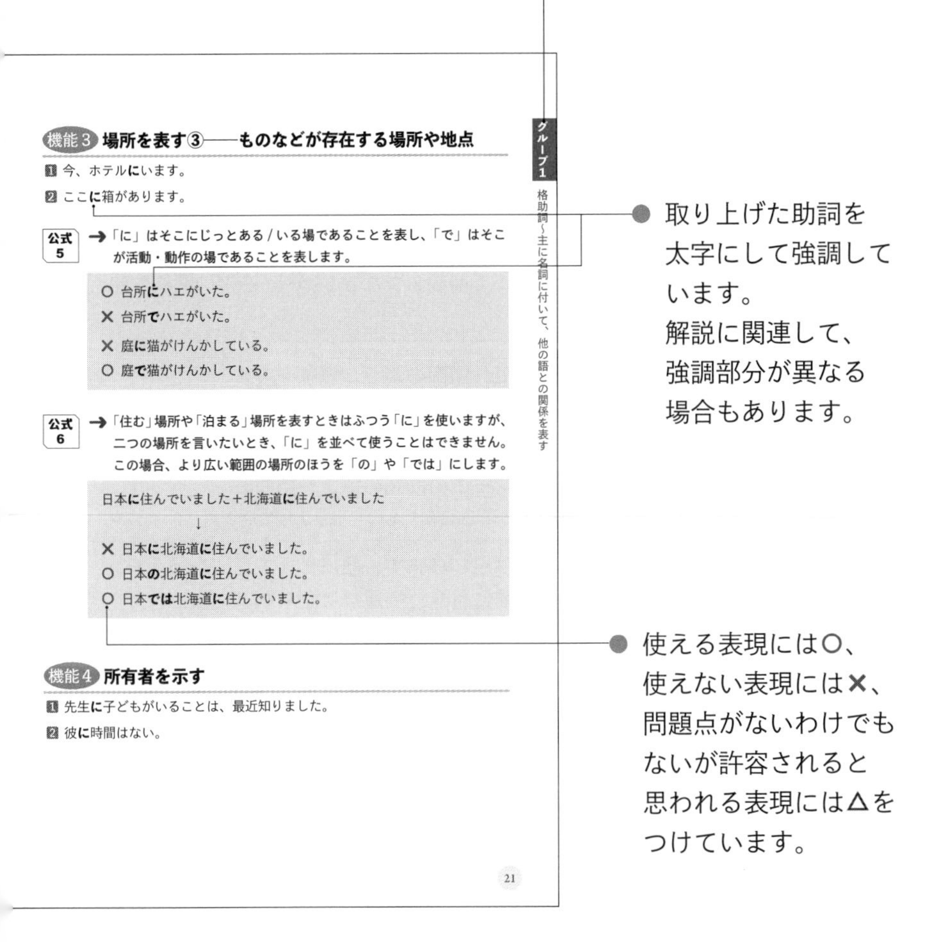

グループ1　格助詞～主に名詞に付いて、他の語との関係を表す

機能3　場所を表す③――ものなどが存在する場所や地点

1 今、ホテル**に**います。

2 ここ**に**箱があります。

公式5 →「に」はそこにじっとある／いる場であることを表し、「で」はそこが活動・動作の場であることを表します。

○ 台所**に**ハエがいた。
× 台所**で**ハエがいた。
× 庭**に**猫がけんかしている。
○ 庭**で**猫がけんかしている。

公式6 →「住む」場所や「泊まる」場所を表すときはふつう「に」を使いますが、二つの場所を言いたいとき、「に」を並べて使うことはできません。この場合、より広い範囲の場所のほうを「の」や「では」にします。

日本**に**住んでいました＋北海道**に**住んでいました
↓
× 日本**に**北海道**に**住んでいました。
○ 日本**の**北海道**に**住んでいました。
○ 日本**では**北海道**に**住んでいました。

機能4　所有者を示す

1 先生**に**子どもがいることは、最近知りました。

2 彼**に**時間はない。

21

● 分類分けされたグループの助詞の種類を示しています。

● 取り上げた助詞を太字にして強調しています。
解説に関連して、強調部分が異なる場合もあります。

● 使える表現には○、使えない表現には×、問題点がないわけでもないが許容されると思われる表現には△をつけています。

★ 接続のパターンを再確認したいものについては、個別に取り上げ、示しています（主にグループ5「終助詞」）。

日本語における助詞の役割

日本語において助詞がどんな役割を持つのか、どんな特徴や種類があるのか、基本を整理しておきましょう。

●助詞の性質　① 単独では用いられず、必ず他の語や文などの後につく。
　　　　　　　② 活用しない。

●助詞の役割　① 語と語の関係を表す。
　　　　　　　② 意味や調子を加える。

●助詞の種類

格助詞	名詞など体言に付いて、他の語との関係を表す。
並列助詞（並立助詞）	二つ以上の語を対等の関係で接続して、並列・累加・選択などの意味を表す。
接続助詞	活用する語などに付いて前後をつなぎ、順接・逆接の関係や原因・理由などの意味を表す。
副助詞（取り立て助詞）	さまざまな語に付いて、副詞のような意味を表す。
終助詞	文末に付いて、話し手の感情や気持ち、態度を表す。
複合助詞	複数の語が結びついて一つの助詞の働きを持つ。 ※本書では主に助詞と助詞が結合したものを取り上げています。
接頭辞・接尾辞	助詞と同様、単独では用いられず、語に付いて意味を加える。接頭辞は語や語基の前に付き、接尾辞は語や誤基の後に付く。

【例１】天気がよかったら、私は海か山に行きたいな。

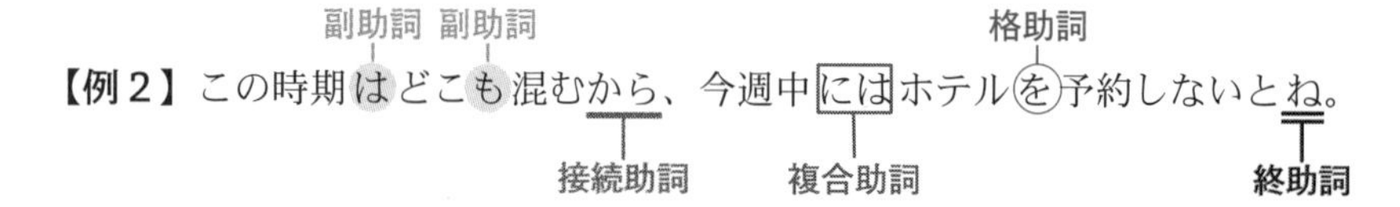

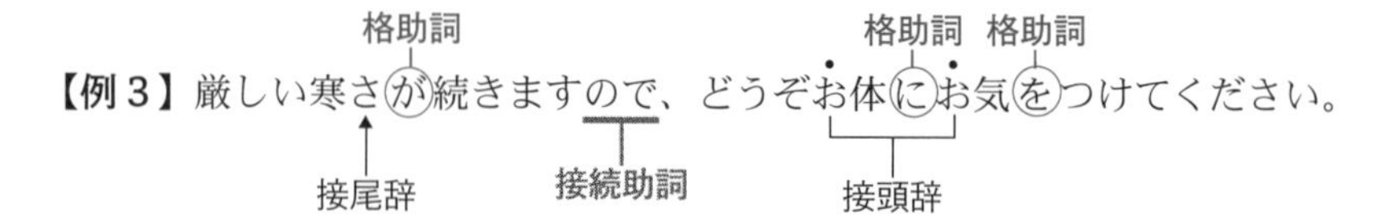

グループ1

格助詞

～主に名詞に付いて、他の語との関係を表す

1

格助詞
主に名詞に付いて、他の語との関係を表す

～が

機能1 出来事や新たにわかったことなど、新事実を表す

1 駅前で事故**が**あった。

2 雨**が**降ってきた。

3 今度、パーティー**が**あります。

公式1 → 「AがB」という文は、特にAが重要なとき、Aの内容が問われるときに使われ、新情報を示します。

○ A：私**が**田中です。
B：ああ、あなた**が**田中さんですか。

○ 来週の月曜日**が**締切です。

○ ここ**が**教室です。

公式2 → 会話の中で、新しい事実を伝えるときに使います。

○ あ、田中さん**が**来たよ。

○ 道**が**混んでるね。全然前に進まない。

○ お腹**が**空いた。そろそろお昼にしない？

公式3 → 先に提示されたものに対し、別のものを対比する場合は「は」が使われます。 ※「は」は副助詞（取り立て助詞）⇒ P.110参照

○ 森さん**は**まだだね。

○ 反対側の道**は**空いてるよ。

公式4 → 単に話題を提示するときは、「は」を使います。

○ 体調**は**どうですか。

○ 映画**は**見ますか。

公式5 → 既知の事柄や説明文には「は」を使います。

うちの犬はキナコといいます。
↓
○ キナコ**は**、かわいくて、とても賢い犬です。
× キナコ**が**、かわいくて、とても賢い犬です。

機能2 主語や話題を表す疑問詞に付いて疑問文をつくる

※答えの文も同様に、主語に付く。

1 誰**が**来ますか。　田中さん**が**来ます。
2 いつ**が**いい？　水曜日**が**いい。
3 どちら**が**好きですか。　右の方**が**好きです。
4 どれ**が**いちばん安いですか。　これ**が**いちばん安いです。

公式6 → 述語が疑問詞の場合は「は」を使います。

○ 誕生日**は**いつですか。
○ それ**は**どうしてですか。
× あれ**が**何ですか。
○ あれ**は**何ですか。

機能3 自動詞を伴って主語を受ける

1 あっ、銀行**が**開いた。
2 最近、全然雨**が**降らない。

公式7 → 自動詞の文でも、会話では「が」が省略されることもあります。

○ エアコン**が**つけっぱなしだったよ。
↓
○ エアコン、つけっぱなしだったよ。

公式 8 → 文型によっては「が」を使わない場合もあります。

○ 風**は**吹いてるけど、雨**は**まだ降ってないね。
（対比の文型「Aは〜が、Bは…」）

機能4 能力・資格・適性・傾向などを表す

1 英語**が**できる。

2 申し込み**が**できる。

3 猫の気持ち**が**わかる。

4 数学**が**得意だ。

5 トマト**が**嫌いだ。

6 この曲**が**お気に入りだ。

公式 9 → 物事に対する能力や適性などを述べるときに使います。

○ 踊るの**が**好きです。
○ ピアノ**が**上手です。
○ スポーツ**が**苦手です。
○ インターネットで予約**が**できる。

機能5 所有、存在を表す

※ある / いるに続く

1 私は、子ども**が**二人います。

2 こんな所に自転車**が**ある。じゃまだなあ。

公式 10 → 主題が存在か所在（場所）かで文の形が変わります。

○ 机の上に本**が**あります。（存在することを表す：新情報を伝える）
○ 本**は**机の上にあります。（どこにあるかを表す：内容を説明する）

機能6 経験、習慣、助言などを表す

※「～こと / ほう」に続く

1 私は見たこと**が**ない。

2 父も、料理をすること**が**ある。

3 子どもたちはもう帰ったほう**が**いい。

4 あなたは行かないほう**が**いい。

公式11 → **「が」ではなく「は」を使うと、主語や話題を強調することになり、ニュアンスが変わります。**

○ 自転車**は**ある。（←ほかのものはないが、自転車ならある）

○ 見たこと**は**ない。（←聞いたことはあるが、見たことはない）

機能7 感覚を表す

1 ここから富士山**が**見える。

2 何か音**が**する。

3 変な味**が**する。

4 いい匂い**が**する。

5 もったいない気**が**する

6 足**が**痛い。

公式12 → **触覚以外の五感となんとなく感じるという感覚を表します。**
動詞は主に「見える」「聞こえる」と「する」を使います。

機能8 願望を表す

1 車**が**ほしい。

2 寿司**が**食べたい。

公式13 ➔「が」は強い願望や欲望を表します。単なる希望の場合は「を」を使うことも多いです。

○ 水**が**飲みたい。（とても強い願望）

○ 水**を**飲みたい。（ふつうの希望）

公式14 ➔「〜がる」「〜たがる」に続く場合は「が」になりません。

✕ 弟は車**が**ほしがっている。

○ 弟は車**を**ほしがっている。

✕ 田中さんはお茶**が**飲みたがっている。

○ 田中さんはお茶**を**飲みたがっている。

公式15 ➔ ほかの人へ何かの行動を望む場合に使う「〜てほしい」については、「が」を使いません。

✕ 兄にパソコン**が**貸してほしい。

○ 兄にパソコン**を**貸してほしい。

機能9 主題の状態や状況を述べる

※「X は、A が B」の形

1 田中さんは、足**が**長い。

2 この地方は、漁業**が**盛んだ。

公式16 ➔ 主題は「は」で示し、説明部分の主語を「が」で示します。

機能10 従属節の中の主語を示す

1 私**が**笑ったから、みんな（は）笑った。

2 お茶**が**なくなったら、（あなたは）私を呼んでください。

3 私**が**見たとき、田中さんはいませんでした。

公式17 ➜ **主文の主語と従属節の主語が違う場合、従属節の主語は「が」になります。同じ場合は「が」を使わず、従属節の主語は省略されます。**

✕ 私**は**、子ども**は**けがをしたので、病院に行った。
○ 私**は**、子ども**が**けがをしたので、病院に行った。

✕ 私**は**、子ども**は**ごはんを食べてから、家を出ます。
○ 私**は**、子ども**が**ごはんを食べてから、家を出ます。

✕ 私**は**、私**が**けがをしたので、病院に行った。
○ 私**は**、~~私**が**~~けがをしたので、病院に行った。

機能11 名詞修飾の中の主語を示す

1 ここは、姉**が**通っている美容院です。

2 林さんは、私**が**あげたパソコンを使っています。

公式18 ➜ **名詞修飾の「が」は、「の」に置き換えることができます。**

○ 姉**の**通っている美容院
○ 私**の**あげたパソコン

公式19 ➜ **主文の主語と名詞修飾の中の主語が同じ場合は省略されます。**

○ 私は、（私が）作った弁当を家に忘れてきた。
○ 私は、夫**が**作った弁当を家に忘れてきた。

公式20 ➜ **行為者が同じでも、あえて示したいときは「自分」を使う。**

○ 私は、自分**が**作った弁当を家に忘れてきた。

格助詞 主に名詞に付いて、他の語との関係を表す ～を

機能1 動作の対象を示す

1 野菜**を**買う

2 部屋**を**片付ける

公式1 → 動詞は他動詞です。自動詞が組みになっていることが多いので、助詞と合わせて組みで覚えます。

○ ビール**を**冷やしています。 （「冷やす」は他動詞）

× ビール**が**冷やしています。

○ ビール**が**冷えています。 （「冷える」は自動詞）

× ビール**を**冷えています。

公式2 → 一つの文の中に二つの「を」を使うことができないので、Ⅲグループの動詞の場合は注意が必要です。その場合は、「の」で対象を表します。また、「の」を使った場合、「を」を省くことはできません。

○ シャツ**を**洗濯する。

× シャツ**を**洗濯**を**する。

○ シャツ**の**洗濯**を**する。

× シャツ**の**洗濯する。

機能2 目標や願いの対象を示す

1 進学**を**希望する。

2 病気の全快**を**祈る。

公式3 → 「～たい」も願望を表す表現ですが、「を」も「が」も使うことができます。対象を強く求めているときは「が」、述部（動詞）を言いたいときは「を」というニュアンスの違いがあります。

O コーヒー**が**飲みたい。（←「コーヒー」を強く求めている）

O コーヒー**を**飲みたい。（←「飲みたい」を言いたい）

公式 4 → また、「が」と「～たい」との間のことばが多くなると、「が」より「を」を使うことが多くなります。

✕ よく吟味された豆を使ったコーヒー**が**洗練されたカップで飲みたい。

O よく吟味された豆を使ったコーヒー**を**洗練されたカップで飲みたい。

機能3 心の動きの対象を示す

1 妹は父**を**嫌っている。

2 昔**を**懐かしむ。

公式 5 → 心の動きを動詞で表すときに使います。形容詞を使う場合は、対象を「が」で示します。

O 明るい色の服**を**好んで着る。

✕ 明るい色の服**が**好んで着る。

O 明るい色の服**が**好きだ。

✕ 明るい色の服**を**好きだ。

公式 6 → 感情を表す動詞でも短い、そのときだけの感情は「に」を、長く持ち続ける感情や気持ちを表す場合に「を」を使います。

O 無事だという知らせ**に**ほっとした。

✕ 無事だという知らせ**を**ほっとした。

O 久しぶりの休み**を**楽しんだ。

✕ 久しぶりの休み**に**楽しんだ。

機能4 使役文の対象を示す（他動詞の場合）

1 子どもに野菜**を**食べさせます。

2 恋人に指輪**を**買わせた。

公式7 → 【［指示 / 許可する人］が［行動 / 動作する人］に［動作の対象］をさせる】という形をとります。

- ○ 先生が学生に宿題**を**出させる。（強制）
- ○ 親が子どもにスマホ**を**持たせる。（許可）
- ○ 彼は飼い猫に好きなもの**を**食べさせている。（容認）

機能5 使役文の対象を示す（自動詞の場合）

1 犬**を**走らせた。

2 親**を**心配させた。

公式8 → ［指示 / 許可する人］が「行動 / 動作する人］を「行動 / 動作をさせる］という形をとります。

- ○ コーチが選手**を**走らせる。（指示）
- ○ 親たちは、子どもたち**を**キャンプに行かせた。（許可）
- ○ 母は、弟**を**寝かせておいた。（放置）

機能6 移動する場所や対象を示す

1 山道**を**走ります。

2 海**を**泳いで、島に渡った。

公式9 → 移動を表す動詞の場合、移動が行われる経路は「を」で表します。ある場所を対象範囲として何かの動作を行う場合、その場所は「で」で表します。

- ○ 砂浜**を**歩く。
- ○ 砂浜**で**遊ぶ。
- ○ 公園**を**散歩する。
- × 公園**で**散歩する。

機能7 移動するとき通過する場所や地点を示す

1 このバスは公園の前**を**通る。

2 角**を**曲がる。

公式10 ➔ 通過する場所や地点を言いたいときは「を」しか使えません。

○ この橋**を**渡ってください。（通過点）
✕ この橋**で**渡ってください。
✕ この橋**に**渡ってください。

機能8 動作の起点・出発点、出る場所を示す

1 ここで地下鉄**を**降ります。

2 高校**を**出てから働いた。

3 9時ちょうどに東京駅**を**出ます。

公式11 ➔「出る」は範囲が区切られたところから出る場合には「を」を使いますが、区切りがはっきりしないところから出る場合は「から」を使います。

✕ 暗闇**を**何かが出てきた。
○ 暗闇**から**何かが出てきた。

機能9 幅のある時間を示す

1 昼休み**を**公園で過ごしています。

2 田舎で子ども時代**を**送った。

公式12 ➔「過ごす」「送る」「暮らす」など、長い時間にわたる動作を表す動詞が続きます。

○ のんびりとした時間**を**過ごすのが好きだ。
○ 思春期**を**寮で送った。
○ 残りの人生**を**地方都市で暮らすことにした。

格助詞 主に名詞に付いて、他の語との関係を表す ～に

機能1 場所を示す①――移動の目的地

1 学校**に**行く。

2 富士山**に**登る。

公式1 → 文によっては移動の方向を表す「へ」と区別なく使うこともあります。

○ あっち**へ**行って。

○ あっち**に**行って。

公式2 → 到達点・目的地をはっきりさせたいときは「に」を使います。

○ ロンドン**に**留学する。

× ロンドン**へ**留学する。

機能2 場所を示す②――移動や動作の対象

1 いす**に**座る。

2 スマホをテーブル**に**置く。

公式3 → 「に」は到達点を表し、「へ」は方向を表します

○ 洗濯物をベランダ**に**干す。

× 洗濯物をベランダ**へ**干す。

公式4 → 「[場所] に入る / 着く」と「[場所] を出る / 発つ」は組みになっているので、組み合わせで覚えます。

○	教室**に**入る	↔	教室**を**出る
○	小学校**に**入学する	↔	小学校**を**卒業する
○	電車**に**乗る	↔	電車**を**降りる
○	日本**に**来る	↔	日本**を**去る

機能3 場所を表す③——ものなどが存在する場所や地点

1 今、ホテル**に**います。

2 ここ**に**箱があります。

公式5 ➔ 「に」はそこにじっとある/いる場であることを表し、「で」はそこが活動・動作の場であることを表します。

○ 台所**に**ハエがいた。
✕ 台所**で**ハエがいた。

✕ 庭**に**猫がけんかしている。
○ 庭**で**猫がけんかしている。

公式6 ➔ 「住む」場所や「泊まる」場所を表すときはふつう「に」を使いますが、二つの場所を言いたいとき、「に」を並べて使うことはできません。この場合、より広い範囲の場所のほうを「の」や「では」にします。

日本**に**住んでいました＋北海道**に**住んでいました
↓
✕ 日本**に**北海道**に**住んでいました。
○ 日本**の**北海道**に**住んでいました。
○ 日本**では**北海道**に**住んでいました。

機能4 所有者を示す

1 先生**に**子どもがいることは、最近、知りました。

2 彼**に**時間はない。

機能5 対象を示す①——動作や行動の対象となるもの

1 ドア**に**鍵をかける。

2 ここ**に**名前を書いてください。

公式 7 → 動作や行動が向けられる対象には「に」、動作や行動が行われる場所には「で」が使われます。

○ 大阪の会社**に**勤めていた。
× 大阪の会社**で**勤めていた。
× 大阪の会社**に**働いていた。
○ 大阪の会社**で**働いていた。

機能6 対象を示す②——動作や行為の対象となる人

1 友達**に**メールを送る。

2 彼女**に**仕事をたのむ。

公式 8 → 授受表現の相手も「に」で表します。

○ 管理人**に**鍵を預かってもらう。
○ 友達**に**書道を習っている。

公式 9 → 「に」は相手に動作や行為を向けるときに使います。相手とともに行うときは「と」を使います。

○ 友達**に**会う。（←友だちに会いに行く、あるいは、友達に偶然会った）
○ 友達**と**会う。（←会う約束をしていて、会う）

機能7 対象を示す③——ある関心や傾向の対象

1 歴史**に**興味がある。

2 弟は母親**に**そっくりだ。

公式 10 → 比較を表す「と」と同じように使うことができますが、ニュアンスが違います。

- O この料理は天ぷら**に**似ている。←似ている対象が天ぷら
- O この料理は天ぷら**と**似ている。←比べる対象が天ぷら

機能8 時間や時期などを示す

1 毎朝、7時**に**朝ごはんを食べる。

2 夏休み**に**北海道へ行く。

公式11 → **時を表す場合、数字や曜日などを具体的に示す場合は「に」を使うことが多いですが、先週や来年のようにはっきり特定しない場合は「に」を使いません。**

- O 東京オリンピックは2022年**に**開かれた。
- × 東京オリンピックはおととし**に**開かれた。
- O 東京オリンピックはおととし、開かれた。

機能9 結果を示す

1 来年、大学生**に**なる。

2 上手**に**なった。

公式12 → **「になる」と「となる」は大きな意味の違いはありませんが、自然に、あるいは当然の結果としてなら「に」を、意外な、あるいはいろいろあった末の結果の場合は「と」を使うといったニュアンスの違いがあります。**

- O 親のあとを継いで経営者**になった**。
- O 小さいころから苦労を重ねて、とうとう経営者**となった**。

公式13 → **規則などを表す「になっている」と「となっている」の場合、「になっている」は話し言葉的で柔らかい印象を与えるのに対し、「となっている」は書き言葉的で硬い表現になります。**

- O 誰でも自由に参加できること**になっています**。
- O お支払いは現金のみ**となっています**。

機能10 行為者を示す①——受身表現

1 知らない人**に**道を聞かれた。（←受身：知らない人が聞いた）

2 雨**に**降られて困った。（←受身：雨が降った）

公式 14 → **受身文の中でも行為者を「に」で表す場合と「から」や「によって」で表す場合があります。これは動詞などによって決まります。**

○ 私は部長**に**叱られた。

○ 私は部長**から**叱られた。

× 四天王寺は聖徳太子**に**建立された。

○ 四天王寺は聖徳太子**によって**建立された。←硬い表現

機能11 行為者を示す②——使役表現

1 父は私**に**スポーツをさせた。（←使役：私がスポーツをした）

2 上司は全員**に**レポートを提出させた。（←使役：全員が提出した）

公式 15 → **使役受身の場合は、命令・指示・許可をした人を「に」で示します。**

○ 兄は弟**に**かばんを持たせた。（←使役：弟が持った）

○ 弟は兄**に**かばんを持たされた。（←使役受身：兄が指示した）

公式 16 → **自動詞の場合で「を」も「に」も使えることがあります。人に重点を置く場合は「を」を、動作・行為に重点を置く場合は「に」を使います。**

（大切な木を切られて怒った父は）

○ 隣人**を**謝らせた。

○ 隣人**に**謝らせた。

機能12 行為の目的を示す

1 牛乳を買い**に**行く。

2 プレゼント**に**時計をもらった。

公式17 ➜ 往来動詞の目的の場合、「ます形」の「ます」を取った形を使いますが、Ⅲグループの動詞は語幹のみを使うことが多いです。

○ 図書館へ勉強し**に**行く。
○ 図書館へ勉強**に**行く。

機能13 頻度や割合を示す

1 バスは1日**に**3便しかない。
2 この時計は1日**に**1分遅れる。

機能14 気持ちの原因・理由を示す

1 先生の言葉**に**感動した。
2 お金**に**苦しんだ。

公式18 ➜ 感情を表す動詞には「に」を使うものと「を」を使うものがあります。

× 台風の接近**に**心配している。
○ 台風の接近**を**心配している。
○ ひどいサービス**に**あきれる。
○ 生徒**に**怒る。
○ 生徒**を**怒る。

機能15 感情を示す

1 がんばったのに、不合格になって残念**に**思う。
2 こんな立派な賞をいただき、光栄**に**思う。

公式19 ➜「と思う」を使うことが多いですが、主観的な気持ちを表す限られたナ形容詞では「に」を使います。この場合、「と」では言いかえられません。

× どうして彼が来たのか不思議**と**思う。
○ どうして彼が来たのか不思議**に**思う。

4

格助詞

主に名詞に付いて、他の語との関係を表す

〜へ

機能1 動作などの向かう方向を示す

1 風船は上**へ**上**へ**と上っていった。

2 こちら**へ**どうぞ。

➔ 到達点があいまいな場合、「へ」を使うほうがしっくり来ます。

○ 知らない人の中**へ**どんどん入っていった。

△ 知らない人の中**に**どんどん入っていった。

○ 水は高い方から低い方**へ**流れます。

△ 水は高い方から低い方**に**流れます。

機能2 動作などの到達するところを示す

1 北海道**へ**行ったら、ラーメンを食べてください。

2 日焼けは肌**へ**ダメージを与える。

公式 2

➔ ほとんどの場合、「に」に置き換えられますが、移動の動詞を使わない場合、「へ」は使いにくいです。

○ 京都**へ**行きました。

○ 京都**に**行きました。

× 男は壁**へ**もたれていた。

○ 男は壁**に**もたれていた。

× テーブル**へ**コーヒーをこぼした。

○ テーブル**に**コーヒーをこぼした。

機能3 動作や作用の対象を示す

1 結婚式で両親**へ**花束と感謝の言葉を贈った。

2 会議に参加の皆様**へ**。

公式3 → 手紙や掲示などで相手を示すときは「へ」を使います。「に」はあまり使いません。

○ 当施設ご利用の方**へ**

○ 花子**へ**

○ 田中様**へ**

公式4 → 「あげる」「もらう」「くれる」の場合、動作の相手、動作の出所は「に」を使います。

× 太郎は花子**へ**花をあげた。

○ 太郎は花子**に**花をあげた。

× 花子は太郎**へ**花をもらった。

○ 花子は太郎**に**花をもらった。

× 太郎は私**へ**花をくれた。

○ 太郎は私**に**花をくれた。

5

格助詞
主に名詞に付いて、他の語との関係を表す

～で

機能1 動作・イベントなどが行われる場所を示す

1 ミニコンサートは広場**で**行われる。

2 船の中**で**結婚式を挙げた。

公式1 → 場所は具体的なものだけでなく、抽象的なものにも使われます。

O 新聞紙上**で**論争した。

O 会議**で**話し合った。

公式2 → 一つの場所にとどまって何かをする場合は「で」を使いますが、その場所を通過するなど、移動を伴う動作をする場合は「を」を使います。

O 公園**を**散歩します。

X 公園**で**散歩します。

O 公園**で**踊ります。

X 公園**を**踊ります。

機能2 時間の区切りを示す

1 これ**で**話を終わります。

2 3回目**で**成功した。

→「で」は、何かが完了したのに伴って区切りを表します。ですから、「(～した) あとで」と言うことはできますが、「(～した) まえで」とは言いません。事前の行為・動作を表す場合は、「(～する／～の) まえに」を使います。

O 食事の後**で**、散歩に行く。

X 食事の前**で**、散歩に行く。

O 食事の前**に**、散歩に行く。

機能3 手段や道具、方法を示す

1 手**で**食べます。

2 自転車**で**行きます。

3 ネット**で**申し込みをしておいた。

公式4 → **具体的な物以外でも使うことができます。**

O 英語**で**話します。

O カタカナ**で**書いてください。

機能4 材料や原料を示す

1 米粉**で**パンを作った。

2 ガラスと金属**で**できている。

公式5 → **作られたものが材料からの変化が大きい場合（一見しただけでは元の形や姿がわからない場合）、「から」を用います。**

O このワインは山ブドウ**から**作りました。

✕ このセーターは毛糸**から**編みました。

O このセーターは毛糸**で**編みました。

機能5 原因や理由を示す

1 台風**で**屋根が飛んだ。

2 花粉症**で**くしゃみが出る。

公式6 → **動詞や形容詞が原因・理由を表す場合、「て」の形を使います。**

O たくさん歩い**て**疲れた。

O からく**て**食べられない。

機能6 状態や様態を表す

1 3人**で**来た。

2 小さい声**で**話してください。

公式7 → 動作・行為がどのような状態、様子で行われるかを表します。

- ○ 大勢**で**優勝を祝った。
- ○ ぎりぎり**で**間に合った。
- ○ 安全運転**で**お願いします。
- ○ 何も見ない**で**スピーチをした。

機能7 条件や基準、範囲などを表す

1 100円**で**買える

2 数分**で**お湯が沸く

公式8 → 数量を表す言葉に付いて、条件・基準・割合・程度・範囲などを表します。

- ○ 70点**で**合格です。
- ○ 無料**で**参加できる。
- ○ 一年**で**かなり上達した。

機能8 動作・行動の主体を示す

1 子どもたち**で**考えた。

2 この花はレストラン**で**用意してくれたものです。

公式9 → ある物事をどのような形で行うかについて、特に「主体が何か」にフォーカスして述べる表現です。

- ○ 家族**で**旅行に行った。
- ○ 私たち4人**で**演奏した。
- ○ 市**で**ボランティアを募集している。
- ○ 今回は、会社**で**なく、個人**で**参加した。
- ○ 自分**で**やるつもりです。

格助詞 主に名詞に付いて、他の語との関係を表す ～の

機能1 所有や所属、産地、メーカーなどを示す

1 これは田中さん**の**かさだ。

2 日本**の**ワインを飲んだ。

公式1 → 「の」をはさんで前から修飾、限定します。

O BWM **の**車だ。

× 車**の** BWM だ。

公式2 → 質問文では、人の所有物は「だれの」、そのほかは「どこの」と疑問詞が変わります。

O A：これは誰**の**かばんですか。
B：私**の**（かばん）です。

O A：これはどこ**の**お酒ですか。
B：新潟**の**（酒）です。

機能2 性質や特性を示す

1 綿**の**シャツを買った。

2 日本語**の**先生になりたい。

公式3 → 質問文では、属性に合わせて「なんの」、「いつの」、「いくらの」や「何～の」と疑問詞が変わります。

O 何**の**雑誌ですか。

O いつ**の**新聞ですか。

O いくら**の**コースですか。

O 何時**の**電車にしますか。

機能3 所有や特性を表す「の」に続く名詞を省略したことを示す

1 A：これは誰の本ですか。
B：私**の**です。

2 A：どれがあなたのマンションですか。
B：あの８階建て**の**です。

機能4 位置を示す

1 学校は橋**の**向こうです。

2 鍵をテーブル**の**上に置いた。

公式 4 → 「X（もの）はY（場所）の［位置詞］にある」という文型では、X＜Yとするのが自然です。

× おばあさん**は**猫**の**下**に**います。（←猫がおばあさんより大きいかのよう）
× 猫**は**おばあさん**の**上**に**います。（←おばあさんと猫の大きさが同じかのよう）
○ 猫**は**おばあさん**の**膝の上**に**います。

公式 5 → 「Y（場所）の［位置詞］にX（もの）がある」という文型では、X＜Yというとらえ方が自然です。

○ 猫**の**前**に**魚**があります**。
× 魚**の**後ろ**に**猫**がいます**。

機能5 同格であることを示す

1 弁護士**の**兄は東京に住んでいる。

2 タワーマンション**の**我が家からは遠くがよく見える。

公式 6 → 同格かどうかを見分けるには、「の」の代わりに「である」を入れてみるといいです。「の」の前が一般名詞で、後ろが特定した名詞になります。

✕ 春**の**ウグイスが鳴いている。（←属性）

O 春を告げる鳥**の**ウグイスが鳴いている。（←同格）

機能6 動作をする人を示す

1 息子**の**受験が迫ってきた。

2 あの先生**の**説明はわかりにくい。

公式 7 → **【［動作主］＋の＋［行為 / 動作を表す名詞］】という形をとります。**

O 市民**の**寄付で銅像を作った。（←市民が寄付した資金）

O 湖**の**満ち引きが影響する。（←潮が満ち引きすること）

機能7 動作の対象を示す

1 部屋**の**掃除は嫌いだ。

2 新入社員**の**教育は３カ月も行われる。

公式 8 → **「の」で結ぶことができるのは、【「を」でⅢグループの動詞に続くものから「する」を取った形】や、【動詞ます形の「ます」を取って名詞として使われているもの】など、動作性のある名詞です。**

O ビール工場**の**見学には予約が必要だ。（←ビール工場を見学する）

O 季節ごと**の**服の入れ替えが大変だ。（←服を入れ替える）

機能8 名詞修飾の中の主語を示す

1 母**の**作るカレーがいちばんおいしい。

2 日本は地震**の**多い国だ。

公式 9 → **この「の」は「が」で言い換えることができます。**

O あのホテルはアクセス**の**いいことが売りだ。

O あのホテルはアクセス**が**いいことが売りだ。

主に名詞に付いて、他の語との関係を表す

～と

機能1 動作の相手を示す

1 友達**と**電話する。

2 ほかの大学の学生**と**交流する。

公式1 → 互いに同じ行為を行う相手を表します。自分の行為が相手に向かう場合は「に」を使います。

○ 先生**と**話す。（←私も先生も共に話す）
○ 先生**に**話す。（←私が先生に話す。先生は聞く）
○ 自転車が歩いている人**と**ぶつかった。
（↑どちらの責任が大きいか、わからない）
○ 自転車が歩いている人**に**ぶつかった。（←自転車の責任のほうが大きい）

公式2 → 二者が同じ立場で行って成り立つ行為の場合、二者を入れ替えても意味は変わりません。

○ 兄が弟**と**けんかしている。
○ 弟が兄**と**けんかしている。

機能2 共に動作をする相手を示す

1 仲間**と**バンドを組む。

2 近所の人**と**公園を掃除します。

公式3 → 共同作業を表します。「といっしょに」という言葉を入れることができます。二人のみですることが前提の行為に「といっしょに」を使うことはできません。

○ 太郎は花子**と**結婚した。
× 太郎は花子**と**一緒に結婚した。
○ 太郎は花子**と**ゲームをした。
○ 太郎は花子**と**一緒にゲームをした。

機能3 関係を示す

1 私は彼**と**いとこだ。

2 あの会社は、我が社**と**取引がある。

公式4 → **互いに同等の関係を表します。**

× 私は彼**と**姉だ。

○ 私は彼**と**兄弟だ。

機能4 引用を示す

1 この問題は難しい**と**思います。

2 触るな**と**書いてあった。

公式5 → **「と」の後に来る文の述部が表す内容が、「と」の前の部分です。主に、話した内容や考えた内容ですが、客観的な情報であっても同じように使うことができます。**

○ 先生は、雨でも校外学習は行われる**と**言いました。

○ ごみは月曜日と木曜日に出すように**と**掲示してある。

公式6 → **述部の動詞が考えや話などを直接表していなくても、その意味が含まれていると、使えます。**

○ 田中さんは「ありがとう」**と**、私の肩を叩いた。

○ 天気は午後には回復するだろう**と**出発した。

公式7 → **直接話法では、主に話の内容をそのまま表し、「　」や『　』に入れます。間接話法では、話の内容をまとめて表します。「　」などに入れず、普通体にして「と」に続けます。**

○ 医者は「お酒を飲まないでください」**と**言った。（直接話法）

○ 医者は酒は飲むな**と**言った。（間接話法）

機能5 変化の結果を示す

1 午後から本格的な雨**と**なった。

2 ヘルメット着用が義務化されること**と**なった。

公式8 → この場合、「に」と「と」は意味の上ではほとんど同じですが、「と」のほうが硬い表現と捉えられています。日常的な会話より、新聞や論文などの書き言葉やニュース、フォーマルな場でのスピーチなどで使われることが多いようです。

O 油が 180 度**に**なったら、具材を入れましょう。

X 油が 180 度**と**なったら、具材を入れましょう。

O 気温が 35 度以上**と**なった場合、運動は避けるべきだ。

機能6 比べる相手を示す

1 犬**と**猫**と**、どちらが多く飼われれていますか。

2 朝**と**夜では、朝のほうが仕事がはかどる。

公式9 → 比べるものを「AとBと」「AとB（と）では」「AとBと（を）比べると」など、いろいろな形で比べることができます。

O 魚**と**肉**と**、どちらがいいですか。

O 魚**と**肉**とでは**、どちらがいいですか。

O 魚**と**肉**では**、どちらがいいですか。

機能7 同じか違うか、似ているかを示す

1 同じ料理でも、母の味**と**同じにならない。

2 妹は大胆で、慎重な私**と**違う。

公式 10 ➔「似ている」ことを表す場合は、「と」と「に」、どちらも使います。

O この味は母の味**と**同じだ。
✕ この味は母の味**に**同じだ。

O この味は母の味**と**違う。
✕ この味は母の味**に**違う。

O 声は父親**と**そっくりだ。
O 声は父親**に**そっくりだ。

8

格助詞
主に名詞に付いて、他の語との関係を表す

～から

機能1 時間の始まりを示す

1 映画は 12 時**から**だ。

2 水曜**から**連休だ。

公式1 → 時間を表す言葉の次に「から」を使います。

× 夏休みは**から** 20 日だ。

O 夏休みは 20 日**から**だ。

機能2 場所の始まりを示す

1 学校の前**から**出発する。

2 東京日本橋**から**全国に国道が伸びている。

公式2 → 起点がはっきりしているときは、「から」と「を」を置き換えることができる場合もありますが、起点がはっきりしていないときは、「から」しか使えません。

O 部屋**を**出る。

O 部屋**から**出る。

× 海**を**日が昇る。

O 海**から**日が昇る。

公式3 → ある地点から近いか遠いかを言う場合、「に」は着く場所を表すので、すぐ着くというニュアンスの「近い」が落ち着き、「から」は出発点を表すので距離感がある「遠い」のほうが落ち着きます。

O スーパーは駅**に**近い。

△ スーパーは駅**に**遠い。

△ スーパーは駅**から**近い。

O スーパーは駅**から**遠い。

機能3 方向の起点を示す

1 空**から**雪が落ちてきた。

2 山の上**から**遠くまで見渡せた。

公式4 → **出発点が広く方向的にしかとらえられない場合は、「から」しか使えません。**

O 北**から**風が吹いてきた。
X 北**を**風が吹いてきた。

機能4 範囲や順序の始まりを示す

1 仕事は朝9時**から**夕方5時までだ。

2 食事は目上の人**から**食べ始めるのがマナーだ。

公式5 → **「～から～まで」は範囲を表す始まりと終わりをはっきり示します。一方、「～から～へ/に」は動作・行為の起点と方向を示します。範囲を区切るという意図のないものは置き換えできません。**

O 東京**から**大阪**まで**新幹線で行く。
O 東京**から**大阪**へ**新幹線で行く。
X 学校**から**皆さん**まで**お知らせです。
O 学校**から**皆さん**へ**お知らせです。

機能5 動作主を示す

1 父**から**連絡があった。

2 先生**から**ほめられた。

公式6 → **受身の表現の動作主は、「に」と「から」両方使えるものが多いです。**

O 知らない人**から**道を聞かれた。
O 知らない人**に**道を聞かれた。
O 日本**から**招待された。
O 日本**に**招待された。

公式 7
→ 動作主が人や組織、機関などでない場合、また、作用が直接体に及ぶ場合、「から」は使いません。

× このホテルは森**から**囲まれている。
O このホテルは森**に**囲まれている。

× 蚊**から**刺された。
O 蚊**に**刺された。

× 彼女**から**引っ張られた。
O 彼女**に**引っ張られた。

機能6 通過・経由するところを示す

1 正面玄関**から**入った。

2 前のドア**から**降りた。

公式 8
→ 出所のわからないものや実体の見えないものにも使います。

O 木々の間**から**気持ちの良い風が吹いてきた。
O 窓**から**近所の人の声が聞こえてきた。

機能7 原因や理由を示す

1 運転手の機転**から**事故をまぬかれた。

2 石油価格の上昇**から**、さまざまな分野で値上げの動きが出ています。

公式 9
→ 原因・理由は「で」で置き換えることもできますが、「から」は、より遡って、事態を引き起こした最初のきっかけを表します。

O 疲れ**で**熱が出た。
O 疲れ**から**熱が出た。

O 病気**で**仕事を休む。
× 病気**から**仕事を休む
（↑「から」の後には意志行為ではなく、結果や事態などが続く）

機能8 判断の根拠を示す

1 顔色**から**社長の機嫌を伺った。

2 業績**から**考えると、ボーナスは出ないだろう

公式10 → **述部には「考える」「判断する」「思える」「予想する」「推測する」などの判断を表す動詞が使われます。**

O 彼女の言葉**から**、行く気がないことを悟った。

O 空の様子**から**、これから天気が悪くなると思われた

公式11 → **「で」も判断の根拠として使われることがあります。**

O 彼のその一言**で**何か隠していると思った。

O 彼のその一言**から**何か隠していると思った。

機能9 変化する前のものを示す

1 信号が青**から**赤に変わった。

2 水は100度で液体**から**気体になる。

公式12 → **変化した後のものは「に」で表すことが多いです。**

O 彼女は黒髪**から**金髪**に**した。

O 座席を自由席**から**指定席**に**変えた。

公式13 → **変化した結果だけでなく、ある状態からある状態への変化そのものに意味がある場合に「から」を使います。**

O ミカンが少しずつ緑**から**黄色に色づいてきた。

O 学年が上がって、2年生**から**3年生になった。

O 20代**から**30代になるときには、感慨があった。

機能10 原料や構成要素を示す

1 ペットボトルは石油**から**作られる。

2 国会は衆議院と参議院**から**なる。

公式14 → 原料を表す「から」を使った文では、完成したものに原料そのものを見ることはできません。

O 牛乳パック**で**小物入れを作る。

✕ 牛乳パック**で**トイレットペーパーを作る。

O 牛乳パック**から**トイレットペーパーを作る。

機能11 あるものの数量が非常に大きいことを表す

1 1トン**から**ある岩が落ちてきた。

2 この店は300年**から**続く老舗だ。

公式15 → 話し手が、その数量を非常に大きく、すごいと感じている場合に使います。客観的な数値の記録やレポートなどでは使いません。

O 2メートル**からの**蛇の抜け殻が見つかったそうだ。
(**感**想や印象を伴った記述)

O 2メートル**の**蛇の抜け殻が発見されました。(客観的な記述)

格助詞 主に名詞に付いて、他の語との関係を表す ～まで

機能1 行為・動作の終わる場所を示す

1 北海道**まで**自転車で行った。

2 海**まで**散歩した。

公式1 → 移動の動詞と一緒に使う「まで」は到達点を表します。継続的な動作を表す動詞と一緒に使う場合は、その動作を継続する範囲を示すことになります。

O 駅**まで**行く。（←行く行為の到達点「駅」を表す）

O 家**まで**歩く。（←歩く行為が続いている範囲の終わり「家」を表す）

公式2 → 移動の動詞のほかにA地点からB地点への物や人、言葉などの動きがある場合も同様に、「まで」で行為の終わりの地点を示すことができます。

O 荷物を自宅**まで**届けてもらった。

O こちら**まで**お申し出ください。

機能2 行為・動作の終わる時間を示す

1 明日**まで**待つ。

2 来年**まで**日本にいる。

公式3 → 「まで」が時間の終わりを示す場合、継続的な動作などを表す動詞が使われます。

O 5時**まで**働く。

X 5時**まで**行く。

機能3 範囲の終わりを示す

1 私たちは、小学校から高校**まで**同じ学校に通った。

2 登山口から頂上**まで**2時間ぐらいだ。

公式4 → 「から」と「まで」が組みで使われ、時間・空間の範囲の始まりと終わりを示します。

- O 出発から到着**まで**心配だ。
- O 家から駅**まで**歩いて行った。

機能4 程度の強調を示す

1 お土産**まで**いただいて恐縮です。

2 子どもの頃のおもちゃ**まで**大切にしている。

公式5 → 程度がはなはだしいことを言うために、際立った例を「まで」を使って示して強調します。

- O このゲームには大人**まで**夢中だ。（←言いたいのはゲームが魅力的なこと）

機能5 付け加えるものを示す

1 あの八百屋はお惣菜**まで**売っている。

2 雨だけでなく、風**まで**吹きはじめた。

公式6 → 「さらに」「また」といったニュアンスで付け加えることで、範囲の広がりを表します。

- O 夫は家族のために毎朝、朝ご飯にお弁当**まで**作ってくれる。

格助詞 主に名詞に付いて、他の語との関係を表す ～より

機能1 比較や選択の基準を示す

1 今日は昨日**より**暖かい。

2 スーパー**より**商店街のほうが楽しい。

公式1 → 比較を表す「[名詞] より」は文のどの位置にでも入ることができます。

O 月は太陽**より**小さい。
O 太陽**より**月は小さい。

機能2 始まりの場所や方角を示す

1 ここ**より**先は関係者以外立ち入り禁止

2 黄色い線**より**内側でお待ちください。

公式2 → 「から」と同じように使えますが、「より」のほうが硬い表現でアナウンスや掲示などに使われることが多いです。

O 当方**より**ご連絡差し上げます。
O こちら**から**連絡いたします。

公式3 → 手紙などの差出人を示す場合には「から」ではなく「より」を使います。

O 誕生日おめでとう！　父**より**
✕ 誕生日おめでとう！　父**から**

機能3 始まりの時間を示す

1 午後1時**より**説明会を始めます。

2 明日**より**改装のため休業します。

公式4 → 時間の始まりの意味の「より」は「から」と同じように使うことができます。一方、時間の基準を示すときで「時間より前」を表す場合、「から」に置き換えることはできません。

O 試合は雨のため、定刻**より**遅れて開始された。
O 試合は雨のため、定刻**から**遅れて開始された。

O 会議は定刻**より**早く始まった。
× 会議は定刻**から**早く始まった。

機能4 限定を示す

1 ここ**より**住みたい場所はない。

2 頼めるのはあなた**より**ほかにいないんです。

公式5 → 「[名詞] より～はない」の形を取り、「[名詞] がいちばん～」ということを表します。

O 親**より**ありがたい存在**はない**。(=親がいちばんありがたい存在だ)
O 母の作る料理**より**好きなもの**はない**。(=母の作る料理が一番好きだ)

授業用例文集

が

(1)
❶ 首相**が**突然、入院した。
❷ 昨日の夜、この地方で大きな地震**が**あった。
❸ 野菜の値段**が**高くてびっくりした。
❹ 午後から会議**が**あります。

(2)
❶ どこ**が**あなたの部屋ですか。
❷ どんな映画**が**好きですか。
❸ 何**が**食べたい？　——あっさりした料理**が**いい。
❹ どの料理**が**お勧めですか。　——こちらはいかがでしょうか。

(3)
❶ 子どもたち**が**並んで歩いている。
❷ お茶**が**入りましたよ。
❸ バラの花**が**きれいに咲きました。
❹ 夜空に星**が**たくさん輝いている。

(4)
❶ 小さい子どもはお風呂に入るの**が**嫌いだ。
❷ 妹はピアノ**が**上手だ。
❸ 生の魚**が**苦手です。
❹ 彼は 100 メートルを 10 秒台で走ること**が**できる。

(5)
❶ 公園の中に池**が**ある。
❷ 部屋の真ん中に大きいテーブル**が**ある。
❸ 公園にたくさんのハト**が**いる。
❹ 列車の中には、30 人くらいの乗客**が**いた。

(6)
❶ 富士山に登ったこと**が**あります。
❷ たまに温泉に行くこと**が**ある。
❸ 顔色が悪いね。少し休んだほう**が**いい。
❹ 寝る前にたくさん食べないほう**が**いい。

(7)
❶ 遠くで列車が橋を渡る音**が**聞こえます。
❷ 誰もいない部屋から人の声**が**します。
❸ このシャンプーはバラの香り**が**する。
❹ じろじろ見られていやな感じ**が**する。

(8)
❶ 新しいパソコン**が**ほしい。
❷ 一緒に映画を見に行く友達**が**ほしい。
❸ 母が作る料理**が**食べたいです。
❹ 誰も見たこともない美しい風景の写真**が**撮りたい。

(9)
❶ この町は人口**が**減ってきている。
❷ 田中さんはスポーツ**が**得意だ。
❸ コーヒーは紅茶よりカフェイン**が**多い。
❹ この電車は窓**が**開かない。

(10) ❶ 私が子どもの時、この駅は木造だった。
❷ 先生**が**来るまで、学生たちは自習をした。
❸ 田中さん**が**来なかったから、山田さんは不機嫌だった。
❹ 荷物**が**届かなかった場合は、ここに連絡してください。

(11) ❶ 最高気温**が** 35 度以上ある日を猛暑日と言います。
❷ ここは４頭のパンダ**が**暮らす動物園です。
❸ あなた**が**作る料理はどれもおいしい。
❹ 台風**が**この島に上陸しなかった年が何回かある。

を (1) ❶ ひまなときは、ゲーム**を**して遊んでいました。
❷ 母に教わった料理**を**作ってみた。
❸ 首相は、記者たち**を**見て足**を**止めた。
❹ 企業が力**を**合わせて、ロケット**を**打ち上げた。

(2) ❶ 先生のご健康**を**心よりお祈り申し上げます。
❷ 出張先からの無事の帰国**を**祈っております。
❸ 皆さんが活躍されること**を**楽しみにしています
❹ 子どもたちの成長**を**願っています。

(3) ❶ 今夜のパーティー**を**どうぞお楽しみください。
❷ 大雨による被害**を**恐れて、早めに避難した。
❸ 久しぶりに帰国したら、家族や友人が再会**を**喜んでくれた。
❹ 娘はテレビアニメの主人公の人形**を**ほしがっている。

(4) ❶ 先生は学生に、毎日漢字**を** 10 字覚えさせた。
❷ アルバイトの面接に行くと、担当者はまず、私に名前と住所**を**書かせた。
❸ 最近とても暑いので、娘には必ず飲み物**を**持たせている。
❹ 彼女は子どもたちに、好きなお菓子**を**１つだけ選ばせた。

(5) ❶ 子どもの頃は妹**を**泣かせてよく父に叱られた。
❷ 田中さんは、いつもみんな**を**笑わせてくれます。
❸ ちゃんと体**を**休ませないと、病気になっちゃいますよ。
❹ 祖父母が私**を**留学させてくれました。

(6) ❶ この道**を**まっすぐ行くと、正面に駅があります。
❷ 猫は高い塀の上**を**走って行った。
❸ 空**を**流れる雲を何時間も見ていました。
❹ 歩いて山**を**越えて行くつもりです。

(7) ❶ 新幹線は大阪駅**を**通りません。
❷ 商店街**を**抜けると、大きな川があります。
❸ 踏切**を**渡って来てください。
❹ 牧場**を**横切って、海岸に出ました。

（8）❶ 国**を**出たのは１週間前です。
❷ 大学**を**卒業したら、日本で就職するつもりです。
❸ 日本**を**出発してから７時間の空の旅です。
❹ 東京**を** 10 時に発つと、昼過ぎには大阪に着く。

（9）❶ 老後**を**田舎で暮らしたいと考えている。
❷ 忙しい毎日**を**お過ごしのことと思います。
❸ 楽しい学生生活**を**北海道で送った。
❹ 退屈な入院生活**を**がまんして、やっと退院できた。

に（1）❶ 次の方、診察室**に**お入りください。
❷ 家**に**帰ったら、すぐに手を洗いましょう。
❸ いつ日本**に**いらっしゃいましたか。
❹ 島**に**渡ってただ一人の医者になった。

（2）❶ 温泉**に**入ってのんびりしたい。
❷ 荷物は玄関の前**に**置いてください。
❸ テーブル**に**ナイフやフォークを並べます。
❹ この花瓶**に**花を飾りましょう。

（3）❶ 夜しか家**に**いません。
❷ このホテル**に**プールがあります。
❸ 駅**に**電車が止まっています。
❹ 昔ここ**に**、大きいデパートが建っていました。

（4）❶ 父**に**兄弟が５人います。
❷ あなた**に**弁護士の知り合いはいますか。
❸ 残念ですが、田中さん**に**信用はありません。
❹ 家**に**車はないので、電車で行きます。

（5）❶ 玄関**に**荷物を出しておいた。
❷ ボトル**に**ラベルを貼る仕事です。
❸ 料理**に**野菜をたくさん使います。
❹ 壁**に**絵を飾った。

（6）❶ 犬**に**えさをやるのは母か私です。
❷ 先生**に**お願いして推薦状を書いてもらうつもりです。
❸ 両親**に**プレゼントを買った。
❹ 部下**に**指示を出した。

（7）❶ 私は日本の地震対策**に**関心も持っています。
❷ 昨日の事故は高齢者問題**に**関係します。
❸ 日本は私の国の自然環境**に**とてもよく似ています。
❹ 雑誌で見た人の顔が兄**に**そっくりで驚いた。

(8) ❶ あなたは昨日何時**に**寝ましたか。
❷ 木曜日**に**会議が開かれます。
❸ 週末**に**グラウンドを借りて、友だちとサッカーをしています。
❹ あの俳優は 2000 年**に**生まれたそうです。

(9) ❶ 12 時**に**なったら家に帰ってきてください。
❷ 小さかった我が子が小学生**に**なった。
❸ このマンションでは、9 時以降、洗濯はできないこと**に**なっている。
❹ 家族の声を聞いたら、元気**に**なった。

(10) ❶ 先生**に**作文をほめられた。
❷ 一人でケーキを食べているところを妹**に**見られた。
❸ この電車は次の駅で特急電車**に**抜かれる。
❹ 結婚記念日に子どもたち**に**旅行をプレゼントされた。

(11) ❶ 日本の学校では、子どもたち**に**教室の掃除をさせている。
❷ 部長は若い社員**に**一人で謝りに行かせた。
❸ 母親は子ども**に**野菜をたくさん食べさせた。
❹ 友達は母親**に**精密検査を受けさせた。

(12) ❶ 週末は家族で近くのショッピングモールへ買い物**に**行く。
❷ 近くの公園へ桜を見**に**行った。
❸ 結婚のお祝い**に**みんなに花束を贈られた。
❹ 参考**に**その本を読んでみた。

(13) ❶ 1 か月**に** 1 回、美容院に行って髪を切っている。
❷ 月**に** 2、3 回、カレーを作っている。
❸ 山の気温は 100 メートル**に** 0.6 度ずつ下がる。
❹ 電柱はだいたい 30 メートル**に** 1 本、立っているそうだ

(14) ❶ 初めて見た広い海**に**言葉を失った。
❷ 避難所の環境の悪さ**に**体調を崩した。
❸ 今年は天候**に**恵まれ、収穫が多かった。
❹ 友達の助言**に**助けられた。

(15) ❶ 子どもをしっかり育てられるのか、不安**に**思う親は多い。
❷ 最後まで全力で戦った選手たちを誇り**に**思う。
❸ 家族といると、幸せ**に**感じる。
❹ 細かい仕事が増え、負担**に**感じています。

へ

（1）❶ 雨の日も子どもたちは外**へ**出たいと騒いだ。
❷ 忙しい毎日の中で、ふと遠く**へ**行きたいと思うことがある。
❸ 開店の前だったが、どうぞ中**へ**お入りくださいと声をかけられた。
❹ 近くへ来たら、ぜひ我が家**へ**も寄ってください。

（2）❶ ゴール**へ**向かって、一斉にスタートした。
❷ 脱いだ靴は靴箱**へ**お入れください。
❸ こちら**へ**は何時ごろお着きになりましたか。
❹ 山**へ**行くと言って兄は出かけて行った。

（3）❶ 図書館をご利用の皆様**へ**休館のお知らせです。
❷ 困っている人たち**へ**この情報を届けたい。
❸ お世話になった方々**へ**感謝の気持ちを伝えます。
❹ 友達**へ**伝言を残して、先に行くことにした。

で

（1）❶ 入学式は 3 階の大ホール**で**行います。
❷ 海辺**で**いつまでも夕日を見ていた。
❸ 明日、どこ**で**待ち合わせましょうか。
❹ 事件は多くの人たちが見ている前**で**起きた。

（2）❶ 3 日**で**この畑を全て耕した。
❷ 山は一瞬**で**崩れてしまった。
❸ 1 週間**で**このレポートを見直すのは無理だ。
❹ 彼は勉強を始めて 1 年**で** N1 に合格した。

（3）❶ 箸**で**パンを食べるのは変だ。
❷ あの山は高いが、ロープウェイやケーブル**で**登ることもできる。
❸ インターネット**で**調べものをすることが増えた。
❹ 敬語**で**話すのは苦手だ。

（4）❶ 昔の日本の家は木や土や紙**で**できていた。
❷ 庭で採れたイチゴ**で**ジャムを作った。
❸ 柔らかい木**で**作った笛は柔らかい音が出る。
❹ これは雪**で**つくった家です。

（5）❶ 大雨**で**川の水が増えてきた。
❷ 課長は体調不良**で**出張には来られない。
❸ 資金不足**で**計画を進められなくなった。
❹ あのレストランはサービスの良さ**で**賞を取った。

（6）❶ 子どもが寝ているのでなるべく小さい声**で**話してください。
❷ 卵を生**で**食べるのは初めてです。
❸ 漢字がわからなければ、ひらがな**で**書いても結構です。
❹ 最近、一人**で**旅行に行ったり食事をしたりする人が増えてきた。

(7) ❶ あの店のケーキは大きくて、一個**で**お腹が一杯になる。
❷ このミニ・シアターは15人**で**満席だ。
❸ この切符はその日の利用なら、1枚**で**どこまでも乗れる。
❹ ランチメニューは1000円**で**飲み物が付く。

(8) ❶ 料理は私たち**で**用意します。
❷ 昨日は子どもたちと夫**で**夕食を作ってくれた。
❸ 農家の妻たち**で**商品開発をしている。
❹ 毎週、地域の高齢者たち**で**公園の清掃をしている。

の (1) ❶ ここは大学**の**牧場と畑です。
❷ この港には外国**の**船がたくさん入ってくる。
❸ これは私**の**ふるさと**の**お菓子です。
❹ 隣の家**の**洗濯物がうち**の**ベランダまで飛んできた。

(2) ❶ 半分近くが外国産**の**果物です。
❷ 日本語**の**教科書を忘れてしまった。
❸ この町で古い時代**の**墓が見つかった。
❹ 2000円くらい**の**プレゼントを買いたいんですが…。

(3) ❶「これ、誰の？」「あ、私**の**です」
❷「これ、何の部品かな？」「パソコン**の**だと思うよ」
❸「どこのお酒が好き？」「もちろん、地元**の**だよ」
❹「これは誰の資料ですか。」「部長**の**だと思います。」

(4) ❶ 大学**の**近くで昼ごはんを食べよう。
❷ トイレは二階**の**奥にあります。
❸ 太陽と月**の**間に地球が入ると、月が欠けて見える。
❹ 広い土地を得るのが困難で、海**の**上に空港を造った。

(5) ❶ 友達**の**田中さんが事故で入院した。
❷ 日本を代表する国際貿易港**の**神戸港は、美しい景観でも知られる。
❸ 少し先に、有名な高級レストラン**の**「ふじや」があります。
❹ 彼女はサイドビジネス**の**ネットショップで、給料以上に稼いでいる。

(6) ❶ 上司**の**決定だから従うしかない。
❷ 交渉にはお互い**の**信頼が不可欠だ。
❸ 母**の**教えを守って彼は正直に生きた。
❹ この駅で特急列車**の**通過を待ちます。

(7) ❶ 駅前**の**再開発が進んでいる。
❷ 毛布**の**洗濯はコインランドリーでしている。
❸ 道路**の**建設には、住民の多くが反対している。
❹ 荷物**の**お預かりはこちらで承ります。

(8) ❶ 市**の**進めようとしている計画には反対意見が多い。
❷ 子どもたち**の**乗った船が港を離れた。
❸ 夫は私**の**ほしかったバッグをプレゼントしてくれた。
❹ 田中さん**の**勧めてくれたホテルを予約した。

と (1) ❶ 親**と**衝突して家を飛び出した。
❷ お店の人**と**話しながら買い物するのが好きだ。
❸ 友だち**と**電話しているときに、荷物が届いた。
❹ 子ども**と**手をつなぐと、幸せな気持ちになる。

(2) ❶ 子どもたち**と**料理をするのが長年の夢だった。
❷ 学生時代の仲間**と**山に登った。
❸ イベントの企画について、協力企業**と**打合せをした。
❹ この電車はこの区間、新幹線**と**並んで走ります。

(3) ❶ 私の町は５つの都市**と**姉妹都市の関係です。
❷ 夫は私**と**幼なじみです。
❸ Ａ社はうちの会社**と**ライバル関係にある。
❹ 先生は、あの女優**と**知り合いだそうです。

(4) ❶ 先生は次の授業までに宿題を出すように**と**言った。
❷ この町は交通も買い物も便利で、暮らしやすい**と**思う。
❸ 店の入口に紙が貼られ、閉店した**と**書いてあった。
❹「よっこらしょ」**と**、老人はゆっくり立ち上がった。

(5) ❶ 賛成多数でマンションは建て直されること**と**なった。
❷ 工事のため、この道は通行止め**と**なった。
❸ 経営難により、店は閉店**と**なった。
❹ 人気歌手が来るというので、空港は大混雑**と**なった。

(6) ❶ 和食**と**洋食では、和食を食べることのほうが多い。
❷ 霧**と**靄では、見える距離が違うらしい。
❸ 琵琶湖を淡路島**と**比べると、形は似ているが琵琶湖のほうが大きい。
❹ ホテル**と**旅館と、どちらに泊まるのがいいですか。

(7) ❶ 彼の言っていることは、どこかの独裁者**と**大して変わらない。
❷ 彼女の感想は、私が予想していたもの**と**違っていた。
❸ 現在近づいている台風**と**今日の天気は無関係ではない。
❹ 後ろ姿が親**と**そっくりだと言われることが増えてきた。

から

(1) ❶ 明日**から**夏休みだ。
❷ 数か月前**から**肩が痛くて、車の運転が辛くなってきた。
❸ 新しい法律の施行**から**一年たった。
❹ 隣のおじいさんは朝**から**家の周りや公園の掃除をしている。

(2) ❶ ここ**から**まっすぐ3キロほど、商店街が続いています。
❷ 日本海側**から**太平洋側までを駆け抜けるレースです。
❸ 家**から**自転車で30分ほど走ると学校です。
❹ パレードは公園**から**賑やかに出発した。

(3) ❶ 右**から**来たバイクはものすごいスピードで走り去った。
❷ 山**から**吹き下ろす風には、それぞれの土地で名前がついている。
❸ むこう**から**誰かが手を振っている。誰だろう。
❹ どこ**から**か、風に乗って桜の花びらが飛んできた。

(4) ❶ 今週の水曜日**から**来週の月曜日まで出張で不在です。
❷ 朝早く**から**夜遅くまで働いても生活は苦しかった。
❸ ナイフとフォークは、並んでいる外側**から**使うと間違いがない。
❹ 40歳ぐらい**から**50代ぐらいまでの人を中年と呼ぶ。

(5) ❶ 急に雨が降ってきて、迎えに来てほしいと娘**から**メールが来た。
❷ 夜に大きな音を出さないよう、管理人**から**注意された。
❸ 丁寧に説明をしたら、お客さん**から**お礼を言われた。
❹ 夫は娘**から**買ってと言われるといやとは言えないようだ。

(6) ❶ 窓**から**気持ちのいい風が入ってきた。
❷ 泥棒は事務所の裏口**から**出て行ったようだ。
❸ 図書館の入口は工事中だったので、今日は非常口**から**入った
❹ うなぎ屋の換気扇**から**いい匂いが漂ってきた。

(7) ❶ 子どもの事故はちょっとした油断**から**起こる。
❷ 日頃の地域活動への貢献**から**表彰された。
❸ わずかな判断ミス**から**、大惨事が引き起こされた。
❹ 気温の激しい変化**から**、体調を崩す人が増えている。

(8) ❶ 彼のその言葉**から**、興味がないことがわかった
❷ この症状**から**、おそらくインフルエンザに感染したと思われる。
❸ 毎朝、空模様**から**判断して洗濯するかどうか決めている。
❹ 首相の発言**から**、増税には消極的と思われた。

(9) ❶ 帰国している間に、体重が60キロ**から**70キロに増えた。
❷ この時期は子ども**から**大人になるための大切な時期だ。
❸ タマネギの色が白**から**薄い茶色になったところで、肉を入れます。
❹ 円高が続いたことで、赤字**から**黒字に転換した。

(10) ❶ 新鮮な牛乳**から**作った自慢のチーズです。
❷ コーラは、主に水と砂糖**から**作られている。
❸ 人間の体は、約 200 の骨と筋肉**から**なる。
❹ この劇は、大きく 3 つの部分**から**なる。

(11) ❶ その空き地には、約 10 トン**からの**ゴミが捨てられていた。
❷ 世界一太い木は周囲の長さが 36 メートル**からある**そうだ。
❸ 500 人**からなる**ボランティアが大会を盛り上げた。
❹ もう 5 時間**から**サイトにアクセスしているのに、まだつながらない。

まで

(1) ❶ 病院**まで**父に付き添って行った。
❷ 展望台**まで**長い階段を上らなければならない。
❸ パリ**まで**飛行機で 15 時間くらいだ。
❹ 門を入ってから教室**まで**遠いので、毎朝大変だ。

(2) ❶ 15 日**まで**お休みさせていただきます。
❷ 受付は 17 時**まで**です。
❸ 月末**まで**帰ってきません。
❹ 次のお祭りは、7 年後**まで**待たなければなりません。

(3) ❶ 今日の仕事はここ**まで**にしよう。
❷ あの男は朝から晩**まで**酒を飲んでいる。
❸ 今日、電気点検をするのは 5 階から 10 階**まで**です。
❹ 私の家から駅**まで**、歩いて 10 分だ。

(4) ❶ 母の日に花と感謝の手紙**まで**もらって感激した。
❷ ピザとパスタにフライドポテト**まで**注文した。
❸ その地震は大きくて、何百キロも離れた所**まで**揺れた。
❹ 新商品の発売日には、店の 100 メートル先**まで**行列が続いた。

(5) ❶ 昨日見た映画は本当に怖くて、夢に**まで**出てきた。
❷ 気持ちのいい朝に、鳥たち**まで**喜んでいるようだ。
❸ あの店はサービスがいい。コーヒーにクッキー**まで**ついてくる。
❹ 試合後の記念写真には、選手とコーチのほか、スタッフたち**まで**加わった。

より

(1) ❶ 母の愛は海**より**深いと言われている。
❷ 高級レストラン**より**家で食べるほうが好きだ。
❸ 宣伝の効果か、先月**より**売り上げが大幅にアップした。
❹ 遠くの親類**より**近くの他人
（「たとえ親類でも、遠くにいると大事なときに頼りにならない。むしろ、他人でも近くにいる人のほうが頼りになるものだ。」という意味のことわざ）

(2) ❶ 関東地方**より**北の地域は雨が降るでしょう。
❷ 500 万年前に誕生した人類は、アフリカ**より**世界各地へと広がっていった。
❸ この扉**より**先は戻ることができませんので、ご注意ください。
❹ 入場券をお持ちの方は、こちらの入口**より**お入りください。

(3) ❶ 11 時**より**開店します。もう少々お待ちください。
❷ 来年度４月**より**、東京の本社で業務を行います。
❸ この週末**より** 10 日間、閉店セールを行います。
❹ 本日**より**当分の間、サービスが利用できなくなります。

(4) ❶ 孫**より**かわいい存在はこの世にない。
❷ 彼女は愛情**より**ほかに何も求めなかった。
❸ クジラ**より**大きい動物は地球上にはいない。
❹ この地方**より**ブドウの栽培に適した土地はない。

グループ2

並列助詞

～同類の語を並べる

11

並列助詞
同類の語を並べる

～と

機能　話題になっているものを全て並べて示す

1 私の家には、犬**と**ねこがいます。

2 朝、パン**と**卵**と**くだものを食べた。

3 サッカー**と**野球では、どちらが好きですか。

4 郵便局**と**銀行の間にコンビニがあります。

5 読んだり書いたりするの**と**、聞いたり話したりするの**と**では、どちらが得意ですか。

公式1 ➔ **同類と考えられないもの同士を並べると、不自然な文になります。**

○ 私はバスケットボール**と**水泳が得意だ。
✕ 私はバスケットボール**と**料理が得意だ。

公式2 ➔ **並べる数に特に制限はありませんが、多すぎると冗長な印象になります。その場合は「、」などで区切ることが多いです。**

○ 小麦粉**と**卵**と**バターを混ぜ合わせます。
△ 小麦粉**と**卵**と**バター**と**砂糖**と**ミルクを混ぜ合わせます。
○ 小麦粉**と**卵、バター、砂糖、ミルクを混ぜ合わせます。
（順番に混ぜ合わせる）

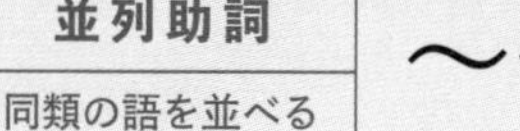

〜や

機能1 話題になっているものの代表的な例を示す

1 冷蔵庫の中に肉**や**野菜がはいっています。

2 動物園で、パンダ**や**ゾウ**や**キリンを見た。

公式1 → 「AとB…」が対象の全てを示すのに対して、「AやB…」はそれ以外にもあることを示します。

! このクラスには中国人**と**ベトナム人がいます。
（中国人とベトナム人だけ）

○ このクラスには中国人**や**ベトナム人がいます。
（ほかの国の人もいる）

○ 犬**と**ねこではどちらが好きですか。

× 犬**や**ねこではどちらが好きですか。
（選ぶ範囲があいまいになるので使えない）

機能2 数が少ないことを表す

1 一度**や**二度の失敗であきらめるな。

2 時給が5円**や**10円上がっても、あまりうれしくない。

3 60点**や**そこらで満足していてはいけないよ。

公式2 → この表現は「少ない」と感じられる場合にのみ使われます。

○ 1000万円**や**そこらでは、都会で家を買うのは難しい。

× 1000万円**や**そこらがあれば、高級車が買えるだろう。

→ 後件には否定的な表現が来ます。

○ 一度**や**二度 会っただけでは、どんな人かわかりません。

× 一度**や**二度 会っただけで、好きになりました。

13

並列助詞
同類の語を並べる

～か

機能 話題になっているものを挙げて、その中から一つを選ぶ

1 黒**か**青のペンで書いてください。

2 夏休みの旅行は北海道**か**、沖縄**か**、どちらがいいかなあ。

3 食後のお飲み物は、コーヒー**か**紅茶**か**ジュースからお選びください。

4 行く**か**行かない**か**、早く決めてください。

公式 → **「か」が選択を表すのに対して、「と」は全て、「や」はそれ以外のものも表します。**

○ マイナンバーカード**か**運転免許証を持ってきてください。
（どちらか一つでいい）

○ マイナンバーカード**と**運転免許証を持ってきてください。
（両方必要）

○ マイナンバーカード**や**運転免許証を持ってきてください。
（それ以外にも身分証明になるもの？）

並列助詞
同類の語を並べる

〜も

機能　同類のものを並べて、同じ状態だということを表す

1 私**も**彼**も**この大学を卒業しました。

2 ひらがな**も**カタカナ**も**全くわかりませんでした。

3 スマホがあれば、メール**も**買い物**も**できるし、写真**も**撮れます。

公式 ➔「も」には「そこに示されていないものも含めて」というニュアンスがあります。

○ テストですから、本**も**ノート**も**見てはいけません。
（本、ノート以外のものも含めてだめ）

! テストですから、本**と**ノートを見てはいけません。
（その二つはだめ）

○ 私は肉**も**野菜**も**好きです。（特に好き嫌いがない）

! 私は肉**と**野菜**が**好きです。（魚は好きかどうかわからない）

! 私は肉**や**野菜**が**好きです。（魚は好きかどうかわからない）

15

並列助詞

同類の語を並べる

〜し

機能 同じような評価を付け加えていく

1 彼は勉強もできる**し**、スポーツも得意だ。

2 日本語は文法が難しい**し**、漢字も多い。

3 新しい部屋は、広い**し**、きれいだ**し**、駅からも近い。

公式1 ➔ **前件と後件を入れ替えても意味は変わりませんが、前件が理由を表す場合は入れ替えることができません。**

○ この店は値段も安い**し**、サービスもいい。

○ この店はサービスもいい**し**、値段も安い。

○ この店はサービスもいい**し**、気に入っている。（前件が理由）

✕ この店は気に入っている**し**、サービスもいい。

公式2 ➔ **話者の評価を含まないものには使えません。**

○ この料理は安い材料でできる**し**、簡単だ。

✕ この料理は日本料理だ**し**、簡単だ。
（「日本料理」には評価は含まれない）

並列助詞 同類の語を並べる ～とか

機能1 同類と考えられるものの例を挙げて示す

1 私はキムチ**とか**、カレー**とか**、辛いものは苦手です。

2 A：パーティーには誰が来るの？
B：えっと、リンさん**とか**、ヨウさん**とか**……。

3 休みの日は音楽を聞く**とか**、DVD を見る**とか**しています。

公式1 ➔「とか」は例として挙げているので、それ以外にもあることを示しています。

○ 昨日は掃除**と**洗濯をしました。（2つだけ）
○ 昨日は掃除**とか**洗濯**とか**をしました。（それ以外にもした）

公式2 ➔「とか」はくだけた会話で使われることが多いので、書き言葉などではあまり使われません。書き言葉では「や」「など」が使われます。

○ 京都**とか**奈良**とか**は、いつ行っても混んでいますよねえ。
× 京都**とか**奈良**とか**は観光地として、一年中多くの人でにぎわっている。
○ 京都**や**奈良**など**は観光地として、一年中多くの人でにぎわっている。

機能2 考えられる例を述べる

1 退職して暇ができたら、のんびり温泉**とか**行きたいなあ。

2 A：パーティーの司会、誰にお願いしようか。
B：う～ん、佐藤さん**とか**はどう？

3 A：最近体重が増えて……。
B：ちょっと運動**とか**したほうがいいんじゃない？

4 A：彼女、きれいになったね。
B：そうだね。彼氏ができた**とか**？

公式3 → **例として挙げているだけで、はっきり意見を述べているところまではいきません。**

○ A：旅行、どこにする？
B：沖縄**とか**どう？（沖縄は一例）

! A：旅行、どこにする？
B：沖縄**は**どう？（沖縄を提案している）

機能3 あいまいな情報を表す

1 彼が留学する**とか**聞いたけれど、結局どうなったの？

2 近いうちに大きい地震があるとかない**とか**、話題になっている。

3 彼女が仕事を手伝ってほしい**とか**なん**とか**言ってたけれど、忙しいから断った。

公式4 → **後ろには「言う、聞く、頼む、見る…」などの情報源を表す動詞が続きます。**

○ 彼女が結婚する**とか**、友だちから聞きました。

× 彼女が結婚する**とか**、興味があります。

並列助詞 同類の語を並べる ～なり

機能1 考えられる例を二つ挙げて提案する

1 来られないなら、メール**なり**電話**なり**してよ！

2 駅からはバス**なり**、タクシー**なり**で行くので、迎えは結構ですよ。

3 午後は自由行動です。夕食まで観光する**なり**、部屋でのんびりする**なり**しましょう。

公式1 → 例を挙げるというより、AでもBでもほかの何でもいいという気持ちが強いです。

○ 昼ご飯はパン**なり**、ラーメン**なり**適当に食べてね。
（自分で勝手に食べてほしい）

○ 昼ご飯はパン**か**、ラーメン**か**適当に食べてね。
（パンとラーメンは用意してある）

○ 夕食まで観光する**なり**、買い物をする**なり**しましょう。
（各自好きなことをする）

○ 夕食まで観光し**たり**、買い物をし**たり**しましょう。
（いっしょに観光や買い物をする）

機能2 方法や内容を問わず、何でもいいことを表す

1 明日はテストでしょう？　復習する**なり**なん**なり**しなさい。

2 もう、お前の顔なんか見たくない。外国へ**なり**、どこへ**なり**、行ってしまえ！

公式2 → 機能1の用法よりも、さらに投げやりな感じや非難の意味が強くなります。

○ 汚いわね。掃除する**なり**なん**なり**しなさい。
（とにかくなんとかしろと言いたい）

○ 汚いわね。掃除器をかける**なり**、床をふく**なり**しなさい。
（掃除のやり方の提案）

18 並列助詞 同類の語を並べる ～たり

機能1 いくつかある動作から代表的な例を並べて述べる（1つの場合もある）

1 友だちと話し**たり**、歌っ**たり**して、楽しかったです。

2 わからない言葉は、先生に質問し**たり**、スマートフォンの辞書で調べ**たり**します。

3 電車の中では本を読ん**だり**していることが多いです。

公式1 → 「～たり、～たりする」の「する」を落としてしまう学習者が多いので、注意が必要です。

○ ストレスがたまったら、買い物をし**たり**、カラオケで歌っ**たり**します。
× ストレスがたまったら、買い物をし**たり**、カラオケで歌います。

公式2 → 「なり」には何か一つを選ぶ意味が含まれますが、「たり」には含まれません。

○ 卒業後は、国に帰る**なり**、日本で就職する**なり**しなければならない。
× 卒業後は、国に帰っ**たり**、日本で就職し**たり**しなければならない。

機能2 対照的な動作が繰り返されること述べる

1 知らない人が家の前を行っ**たり**来**たり**している。

2 明日は雨が降っ**たり**やん**だり**するでしょう。

3 ドアを開け**たり**閉め**たり**しないでください。

4 会話は得意ですが、読ん**だり**書い**たり**は苦手です。

公式3 → 言葉の組み合わせや順番が慣用的に決まっているものもあります。

○ 泣い**たり**笑っ**たり**
○ 笑っ**たり**泣い**たり**
○ 食べたり飲ん**だり**
○ 飲ん**だり**食べ**たり**
○ 売ったり買っ**たり**
○ 買っ**たり**売っ**たり**
○ 行ったり来**たり**
× 来**たり**行っ**たり**
○ 開けたり閉め**たり**
× 閉め**たり**開け**たり**
○ 雨が降っ**たり**やん**だり**
× 雨がやん**だり**降っ**たり**

機能3 Aの場合もあればAでない場合もあることを表す

1 朝ごはんは食べ**たり**、食べなかっ**たり**します。

2 会社へは、自転車で行っ**たり**、たまには歩いて行っ**たり**することもあります。

3 運がよかっ**たり**悪かっ**たり**するから、人生はおもしろいんですよ。

4 クリの木は、年によってたくさん実をつけ**たり**、少ししかつけなかっ**たり**する。

5 うちの犬、は急に甘えてき**たり**、呼んでも寝たふりをし**たり**して、気まぐれなやつだ。

公式4 → 機能1は動詞だけでしたが、この用法は動詞以外にも使えます。

○ 母の料理はからかっ**たり**、甘かっ**たり**する。
○ 彼は相手によって、丁寧だっ**たり**、失礼だっ**たり**して、態度が変わる。

機能4 会話の中で「～かもしれない」という意味で用いられる

1 A：田中さん、遅いね。
B：まだ寝てい**たりして**……。電話してみよう。

2 A：どうせ、不合格だろうなあ。
B：いや、ひょっとしたら、合格でき**たりする**かもよ。

3 カードが使えない店もあっ**たりする**から、少しは現金を持っていたほうがいいよ。

公式5 → この用法では、「～たりする」という形で、例を並記しません。

A：宝くじ、買おうか。
○ B：うん、一億円当たっ**たりして**。
✕ B：うん、一億円当たっ**たり**、当たらなかっ**たりして**。

公式6 → 可能性が高いことには用いられません。

A：宝くじ、買おうか。
○ B：うん、一億円当たっ**たりして**。
✕ B：うん、当たらなかっ**たりして**。

19

並列助詞
同類の語を並べる

～だの

機能1 いろいろある中から、代表的なものを並べて述べる

1 娘は休日になると、デート**だの**、ショッピング**だの**と朝から出かけていく。

2 給料が入っても、家賃**だの**、光熱費**だの**、お金がどんどん出ていく。

3 彼の部屋は空き缶**だの**、汚れた皿**だの**、マンガ本**だの**で、足の踏み場もない。

公式1 → どちらかと言えば、話者にとってマイナス評価のものにつくことが多いです。

○ 昼ご飯はコンビニのおにぎり**だの**、カップラーメン**だの**で、簡単に済ませます。

× 昼ご飯はフランス料理**だの**、日本料理**だの**を食べに、レストランへ行きます。

機能2 ほかの人が不満や文句、愚痴などを言っていることを表す

1 彼女は今の部屋が不便**だの**、古くて汚い**だの**と言っている。

2 せっかく旅行に来たのに、暑い**だの**、疲れた**だの**、帰りたい**だの**、文句ばかり言わないで。

3 母は私の顔を見ると、勉強しろ**だの**、部屋を掃除しろ**だの**、うるさい。

4 上司から毎日のように仕事が遅い**だの**、残業しろ**だの**と言われて、彼は会社を辞めた。

公式2 → 「だの」を使って直接的に、自分の気持ちを表すことはできません。

○ 彼女は今の部屋が不便**だの**、古くて汚い**だの**と言っている。

× 私は今の部屋が不便**だの**、古くて汚い**だの**と思っている。

公式3 → 不満や文句、愚痴でなくても、話者が不快に感じる場合に使われることもあります。

○ 彼女は夫が金持ち**だの**、息子が優秀**だの**と、会うたびに自慢する。

並列助詞
同類の語を並べる

～やら

機能1 例を挙げて、そのほかにもいろいろなものがあることを示す

1 パーティーには、職場の同僚**やら**、古い友人**やら**、たくさんの人が来てくれた。

2 日本語の動詞は、て形**やら**ない形**やら**、活用が多くて、覚えるのが大変だった。

3 母はフリーマーケットで「安い！」と言って、食器**やら**、雑貨**やら**を買い込んできた。

公式1 → この「やら」は「とか」「や」で言い換えることができますが、「やら」にはマイナスのニュアンスが感じられることが多いです。

○ 家に帰っても、食事の用意**やら**、洗濯**やら**で忙しい。
（いろいろあって大変な感じ）

○ 家に帰っても、食事の用意**や**洗濯**など**で忙しい。

○ 家に帰っても、食事の用意**とか**洗濯**とか**で忙しい。

公式2 → 雑多なものが整理できていない状態を表します。

○ 彼の本棚には専門書以外に小説**やら**マンガ**やら**、いろいろな本がたくさん並んでいた。

✕ 彼の本棚には専門書**やら**がたくさん並んでいた。
（数が多いだけの場合は使えない）

機能2 感情を表す言葉について、複雑な状態や気持ちを表す

1 初めて日本に来たとき、不安**やら**期待**やら**でドキドキしていた。

2 運転免許の試験を３回も続けて不合格になって、悔しい**やら**情けない**やら**。

3 彼は酔っぱらうと、大声で騒ぐ**やら**あばれる**やら**で、普段とは別人になる。

公式3 → 「やら」は自分の感情を説明できますが、他人の感情には使えません。「だの」の場合は逆に、他人について述べますが、自分には使えません。

○ 親友が結婚した時、うれしい**やら**寂しい**やら**、複雑な気持ちだった。

✕ 親友が結婚した時、うれしい**だの**寂しい**だの**、複雑な気持ちだった。

○ 彼女は頭が痛い**だの**、体調が悪い**だの**と言って、よく休む。

✕ 私は頭が痛い**だの**、体調が悪い**だの**と言って、よく休む。

授業用例文集

と
❶ テーブルの上に、コーヒー**と**ケーキがあります。
❷ ノート**と**ペンを持ってきてください。
❸ 料理を作るの**と**、お皿を洗うの**と**では、どちらがいいですか。
❹ フォーク**と**ナイフの間に、お皿を置いてください。

や
(1)
❶ 父はコメ**や**野菜を作っています。
❷ 私のマンションでは、犬**や**猫などのペットを飼ってはいけません。
❸ A：クラスの誰と仲がいいですか。
B：田村さん**や**西田さんです。
❹ 引き出しの中に、古い手紙**や**写真があります。

(2)
❶ 一度**や**二度会っただけでは、どんな人かわかりません。
❷ 彼女は酒が強いから、ビール一杯**や**二杯では全く酔わない。
❸ 一日に30分**や**そこら勉強するだけでは、合格できないよ。
❹ 誕生日なのに、彼は1000円**や**そこらのプレゼントしかくれなかった。

か
❶ 旅行するなら、山**か**海、どちらがいい？
❷ ヤンさん**か**カンさんに、パーティーの司会をやってもらおう。
❸ テストは、鉛筆**か**シャープペンシルで書いてください。
❹ ランチのコースは、ピザ**か**パスタからお選びください。

も
❶ すみません、テキスト**も**ノート**も**忘れてしまいました。
❷ マリーさん**も**私**も**、彼の意見に賛成です。
❸ 北海道**も**沖縄**も**行ったことがありません。
❹ スマートフォンがあれば、メール**も**買い物**も**できるし、写真**も**撮れます。

し
❶ 彼女の部屋は新しい**し**、きれいだ。
❷ 彼は勉強もできる**し**、スポーツも得意だ。
❸ 宿題もした**し**、予習も終わった。さあ、寝よう。
❹ 彼のお父さんは医者だ**し**、お母さんは弁護士だ**し**、すごいね。

とか
(1)
❶ アルバイトの後は、よくケーキ**とか**チョコレート**とか**を食べます。
❷ A：来週、会わない？
B：水曜日**とか**、木曜日ならいいよ。
❸ 疲れた**とか**、面倒くさい**とか**言ってないで、片づけを手伝ってよ。
❹ 暇なときは、スマホでドラマを見る**とか**ゲームをする**とか**しています。

(2)
❶ 給料をもらったら、二人でおいしいもの**とか**食べに行こうよ。
❷ A：誰に相談したらいいかなあ。
B：そうだね…小山先生**とか**は？
❸ A：田中さん、電話に出ないよ。
B：まだ仕事してる**とか**。
❹ A：ふぁあ〜〜。
B：眠いなら、顔を洗ってくる**とか**したら？

(3) ❶ 会社の近くで事故があった**とか**聞きました。
❷ 先生の話では、次のテストは難しい**とか**。
❸ A：アルバイトの時給って、どのくらい？
B：初めは 1000 円ぐらい**とか**かな。
❹ 彼女、帰国する**とか**って話だけれど、いつごろかな？

なり (1) ❶ 休むときはメール**なり**電話**なり**で必ず連絡してください。
❷ 夜は少し寒いので、セーター**なり**マフラー**なり**、持って行ったほうがいい。
❸ 昼食は弁当を持ってくる**なり**、外食する**なり**して、各自で済ませてください。

(2) ❶ ぼーっとしてないで、手伝う**なり**なん**なり**してよ。
❷ 現金がなくても、電子マネー**なり**なん**なり**で支払いはできるだろう。
❸ もう、お前の顔なんか見たくない。外国へ**なり**、どこへ**なり**、行ってしまえ！

たり (1) ❶ みんなで飲ん**だり**、食べ**たり**して、楽しかったです。
❷ 休みの日は家事をし**たり**、友達と会っ**たり**しています。
❸ これからテストをします。友達の答えを見**たり**、話し**たり**してはいけません。
❹ ストレスがたまったら、買い物をし**たり**、カラオケで歌っ**たり**します。

(2) ❶ 明日は雨が降っ**たり**止ん**だり**するでしょう。
❷ 知らない人が部屋の前を行っ**たり**来**たり**している。
❸ 〈映画館で〉上映中は、席を立っ**たり**座っ**たり**しないでください。
❹ 赤ちゃんは泣い**たり**笑っ**たり**、忙しい。

(3) ❶ 朝ごはんは、食べ**たり**、食べなかっ**たりします**。
❷ 会社へは、自転車で行っ**たり**、バスで行っ**たりします**。
❸ あの先生は、時には厳しかっ**たり**、時には優しかっ**たりする**。
❹ 母の料理は、からかっ**たり**、甘かっ**たりする**。

(4) ❶ A：青木さん、どうして来ないのかなあ。
B：もしかしたら、約束、忘れて**たりして**。
❷ A：10 年後は何をしていると思う？
B：子供が５人ぐらいい**たりして**。
❸ A：山の上は寒いかな？
B：明日は天気がよさそうだから、暑かっ**たりして**。

だの	(1)	❶ 道路にはゴミ**だの**、たばこの吸い殻**だの**が落ちていた。 ❷ 休みの日も試験勉強**だの**、アルバイト**だの**で忙しくて、全然遊べない。 ❸ ケチャップ**だの**、カレー**だの**の汚れは、洗濯しても落ちにくい。 ❹ スーパーの安売りで、肉**だの**、野菜**だの**、お菓子**だの**、たくさん買い込んできた。
	(2)	❶ 彼は給料が安い**だの**、仕事がきつい**だの**、文句ばかり言っている。 ❷ 母は私の顔を見ると、勉強しろ**だの**、部屋を掃除しろ**だの**、うるさい。 ❸ せっかくの休みなのに、疲れた**だの**、なん**だの**と寝てばかりいたら、もったいないよ。 ❹ 恋人がハンサム**だの**、金持ち**だの**、彼女の自慢はもう聞き飽きた。
やら	(1)	❶ 私の国の結婚式では、親戚**やら**、友人**やら**、200 人以上招待します。 ❷ 彼女は上司の悪口**やら**仕事の不満**やら**、何時間もしゃべり続けた。 ❸ 日本語の動詞は、て形**やら**ない形**やら**、活用が多くて覚えるのが大変だ。 ❹ 日本のお菓子**やら**、お土産**やら**をスーツケースにぎっしり詰めて帰国した。
	(2)	❶ 初めて日本に来たとき、不安**やら**期待**やら**でドキドキしていた。 ❷ 徹夜でゲームをして、今日は眠い**やら**疲れた**やら**で、頭がぼーっとしている。 ❸ みんなの前でほめられて、うれしい**やら**恥ずかしい**やら**で、顔が真っ赤になってしまった。 ❹ 彼女は酒を飲むと、大声で騒ぐ**やら**歌う**やら**、とてもにぎやかだ。

グループ3

接続助詞

～文と文をつなぐ

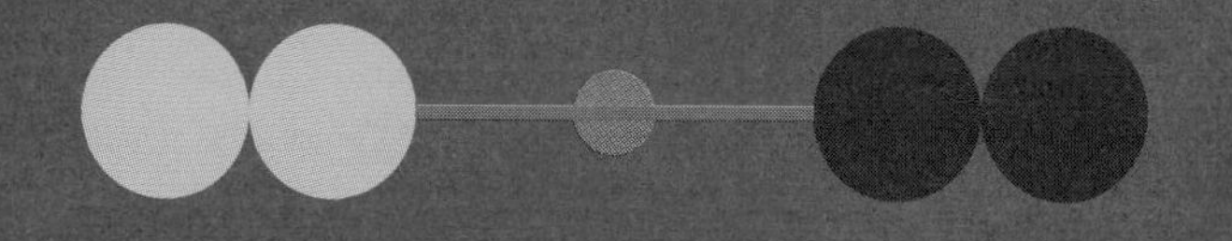

21

接続助詞
文と文をつなぐ

～て、～で

機能1 あるものについて、二つの性質を述べる

1 駅から近く**て**、新しい部屋を探しています。

2 新幹線は便利**で**速いです。

3 父はやせてい**て**、背が高いです。

4 彼は有名な作家**で**、医者でもあります。

公式1 → **前後に来る言葉が同じような系統のものでないと、不自然な文になります。**

○ 私のかばんは黒く**て**大きいです。
✕ 私のかばんは黒く**て**安いです。

○ 父は会社員**で**梅田で働いています。
✕ 父は会社員**で**優しいです。

公式2 → **プラス評価とプラス評価、マイナス評価とマイナス評価を結ぶようにします。**

○ この店は安く**て**、おいしいです。
✕ この店は安く**て**、まずいです。

○ 私の部屋は古く**て**、狭いです。
✕ 私の部屋は古く**て**、広いです。

公式3 → **前後を入れ替えられるものと、入れ替えられないものがあります。**

○ 私の部屋はきれい**で**広いです。
○ 私の部屋は広く**て**きれいです。
○ 私の家族は５人**で**、みんなベトナムに住んでいます。
✕ 私の家族はみんなベトナムに住んでい**て**、５人です。

機能2 動作の順序を表す

1 家に帰っ**て**、宿題をします。

2 野菜を小さく切っ**て**、炒めてください。

3 駅まで歩い**て**、バスに乗っ**て**、電車に乗ります。

公式4 → **初めの動作をして、すぐに次の動作をする場合が多いです。**

○ 家に帰っ**て**、宿題をします。（帰って、すぐに宿題をする）

○ 家に帰っ**てから**、宿題をします。
（帰る前にしないという意味で、帰ってすぐにするとは限らない）

機能3 「～た状態で」という付帯状況を表す

1 眼鏡をかけ**て**、車の運転をします。

2 ここに座っ**て**、待っていてください。

3 テストに名前を書かない**で**、出してしまいました。

公式5 → **初めの動作が瞬間動詞の場合に誤用が出やすいので注意が必要です。**

○ くつを脱い**で**、リラックスしています。

× くつを脱ぎ**ながら**、リラックスしています。

公式6 → **前件が否定的内容の場合に、後件を否定形にする学習者が多いので注意が必要です。**

○ 朝ご飯を食べない**で**、仕事に行きました。

× 朝ご飯を食べない**で**、仕事に行きませんでした。

× 朝ご飯を食べ**て**、仕事に行きませんでした。

機能4 理由や原因を表す

1 病気**で**学校を休みました。

2 問題が難しく**て**、わかりませんでした。

3 遅刻し**て**、すみません。

4 そのニュースを聞い**て**、びっくりしました。

5 時間がなく**て**、連絡できなかったんです。

公式7 → **並列の「て」と紛らわしい文があるので、教えるときの例文に注意します。**

○ 頭が痛く**て**、体がだるいです。（並列）
○ 頭が痛く**て**、練習を休みました。（理由）

公式8 → **理由を表す 「ので」や「から」で言い換えられるものが多いが、できないものもある。**

○ 遅刻し**て**、先生に叱られた。
↓
○ 遅刻した**から**/**ので**、先生に叱られた。

○ 遅刻し**て**、すみません。
↓
× 遅刻した**から**/**ので**、すみません。

○ ニュースを聞い**て**びっくりした。
↓
× ニュースを聞いた**から**/**ので**、びっくりした。

○ お会いでき**て**うれしいです。
↓
× お会いできた**から**/**ので**、うれしいです。

機能5 手段や方法を表す

1 携帯電話のカメラ**で**写真を撮りました。

2 自転車**で**学校に行きます。

3 漢字は何回も書い**て**、覚えましょう。

4 毎日練習し**て**、泳げるようになりました。

5 実際に自分の目で見**て**、確かめてください。

6 寂しいときは、お酒を飲ん**で**、気を紛らわせます。

公式 9 → **「動詞＋て」は「名詞＋で」に言い換えられるものも多いです。**

○ 毎日の練習**で**（←毎日練習して）、泳げるようになりました。

○ 実際に自分の目**で**（←自分で見て）、確かめてください。

○ 寂しいときは、お酒**で**（←お酒を飲んで）、気を紛らわせます。

22 接続助詞 文と文をつなぐ

機能1 「〜と言う」「〜と思う」などの形で、言ったり考えたりしていることの内容を表す

1 彼は明日来る**と**言いました。

2 私は今年、富士山に登ろう**と**思っています。

3 私は日本のお年寄りはとても元気だ**と**思います。

4 友達に引っ越しを手伝ってほしい**と**頼まれました。

5 彼女はもう帰国した**と**聞きました。

公式1 ➔ 「意向形＋と思う」で自分の意志を表す表現と「普通体＋と思う」を混同する学習者が多いので注意が必要です。

○ 私は専門学校に行こう**と**思います。（意志）

○ 私は専門学校に行く**と**思います。
（意志ではなく、たぶん行くだろうという予想）

機能2 「前件が起こると常に後件も起こる」ことを表す

1 メールが届く**と**、着信音が鳴ります。

2 春になる**と**桜が咲きます。

3 この道をまっすぐ行く**と**、地下鉄の入り口があります。

4 家に帰る**と**、すぐに手を洗ってうがいをします。

5 あなたがいない**と**寂しいです。

6 寒い**と**なかなか布団から出られません。

7 次の日が休みだ**と**、ほっとします。

8 ここを押す**と**、お湯が出ます。

公式2 → 「～と」は「～たら」で言い換えることができるので、「たら」を使って導入できます。

「～と」の後件（B）には、話者の命令や依頼など意志を含む文は使えませんが、その場合も「～たら」で言い換えることができます。

北海道に行く**と**、

○ カニが食べられる。

× カニを食べよう。

× 食べませんか。

× カニを食べろ。

× カニを食べてはいけない。

× カニが食べたい。

× カニを食べてください。

× カニを食べてもいい。

公式3 → 「～と」は一つの文中で一回しか使えません。一番最後の動作につけます。

○ お湯を入れて、ふたをして、３分待つ**と**、ラーメンができます。

× お湯を入れる**と**、ふたをする**と**、３分待つ**と**、ラーメンができます。

機能３ 前件が起こって初めて後件がわかった（発見）ことを表す

1 朝起きる**と**、雪が積もっていた。

2 スマホを開ける**と**、何通もメールが来ていた。

3 友達の家に行く**と**、留守だった。

公式4 → 常に後件が起こる場合（習慣的なことなど）と、一つの偶然の結果として後件が起こる場合（その時限りのこと）があります。

○ スマホを開ける**と**、何通もメールが来ているんです。
（いつも来ている）

○ さっきスマホを開ける**と**、何通もメールが来ていた。
（その時だけ）

23

接続助詞
文と文をつなぐ

～ば

機能1 後件（B）が起こるためには、どのような条件（A）が必要かを述べる

1 明日、晴れれ**ば**、ハイキングに行きます。

2 明日、晴れなけれ**ば**、ハイキングに行きません。

3 高けれ**ば**買いません。

4 高くなけれ**ば**買います。

5 暇**なら**映画に行きましょう。

6 暇でなけれ**ば**映画に行きません。

! な形容詞と名詞の場合は「なら」を用いる（⇒例文5）。

公式1 ➔**「～ば」は「～たら」で言い換えることが可能なので、「たら」を使って導入できます。**

北海道に行け**ば**、

○ カニが食べられる。

✕ カニを食べた。	✕ カニを食べよう。
✕ カニが食べたい。	✕ カニを食べませんか。
✕ カニを食べてください。	✕ カニを食べろ。
✕ カニを食べてもいい。	✕ カニを食べてはいけない。

! 前件（A）が意志動詞で後件（B）と同主語の場合、後件にはいくつか制限があり、学習者のレベルに応じて、説明や例文を調整する必要があります。過去の事実や、話し手の命令や依頼など意志を含む文には使えませんが、その場合も「～たら」で言い換えることができます。

公式2 ➔**「～ば」は反実仮想の場合、後件に過去の形を使うことができます。**

○ あの時、もっと勉強していれ**ば**、合格できた。

○ 黙っていないで言ってくれれ**ば**、協力したのに。

公式3 ➜「たら」が「Aという条件で、Bはどうなるか」と、前提となる条件を先に考えるのに対して、「ば」は「Bという結果になるためには、どんなAが必要か」と、結果を先に考える表現です。

○ 1億円あっ**たら**、何がしたいですか。(「1億円」という条件が先)

○ 1億円あれ**ば**、宇宙旅行に行ける。(「宇宙旅行」という目的が先)

機能2 「〜ばいい」の形でアドバイスをする

1 わからなかったら、先生に聞け**ばいい**よ。

2 初めての場所でも、スマホの地図を見れ**ばいい**よ。

3 歩いて行くのは大変だから、駅からタクシーに乗れ**ばいい**。

公式4 ➜「〜たらいい」で言い換えても同じ意味になりますが、「〜(た)ほうがいい」とはニュアンスが異なります。

○ 先生に相談すれ**ばいい**よ。(相談したら、解決するというニュアンス)

○ 先生に相談し**たらいい**よ。(相談したら、解決するというニュアンス)

○ 先生に相談し**たほうがいい**よ。
(いくつかの中から、先生に相談することを勧める)

機能3 例を挙げて、行動を提案する/会話の中で語末に用いる

1 わからなかったら、先生に聞け**ば**?

2 A:ひまだなあ。
B:家の片づけでもすれ**ば**?

公式5 ➜「たら」で言い換えても、同じ意味になります。

○ 頭が痛いのなら、薬を飲め**ば**?

○ 頭が痛いのなら、薬を飲ん**だら**?

「XはAも～ば、Bも…」の形で、Xについて同じような内容を重ねて言う

1 彼女はピアノ**も**弾けれ**ば**、歌**も**とてもうまい。

2 あの兄弟は兄**も**弁護士**なら**、弟**も**医者で、二人ともとても頭がいい。

3 神戸は山**も**近けれ**ば**、海**も**あって、とても美しい町だ。

4 金**も**無けれ**ば**、地位**も**ないけれど、家族が皆元気で仲良く、幸せです。

公式 6 → AとBは同じような内容でなければ、不自然な文になります。

○ 彼女**は**仕事**も**できれ**ば**、趣味の将棋**も**プロ級だ。

× 彼女**は**仕事**も**できれ**ば**、趣味の将棋はあまりうまくない。

接続助詞
文と文をつなぐ

～ので

機能 「AのでB」の形で、AがBの理由であることを示す

1 友達が来る**ので**、空港まで迎えに行きます。

2 いい天気な**ので**、どこか行きませんか。

3 すみません、忙しかった**ので**、連絡できませんでした。

4 今日は用事があります**ので**、先に帰らせていただきます。

公式1 → **「から」と意味は同じですが、「から」よりいくぶん丁寧な印象があります。そのため、目上の人に依頼や謝罪をしたり、許可を求めたりする場合には「ので」を使うことが多いです。また、「ので」の前を丁寧体にすると、より丁寧度が上がります。**

教師：どうして遅刻したんですか。
↓
○ 学生：疲れていて、寝坊してしまった**ので**……。
○ 学生：疲れていて、寝坊してしまいました**ので**……。
（丁寧度が上がる）
× 学生：疲れていて、寝坊してしまった**から**……。（失礼な印象）
× 学生：疲れていて、寝坊してしまいました**から**……。
（失礼に思われてもしかたない）

○ 聞こえません**ので**、少し大きい声で言っていただけますか。
× 聞こえません**から**、少し大きい声で言っていただけますか。
（失礼な印象）

公式2 → **理由を聞かれて、「～からです」と言い切って答える形はありますが、「～のでです」という表現はありません。**

A：なぜ、日本語の勉強を始めたんですか。
↓
○ B：日本のアニメが大好きだ**から**です。
× B：日本のアニメが大好きな**ので**です。

25

接続助詞

文と文をつなぐ

～から

機能1 「AからB」の形で、AがBの理由を表す

1 暑かった**から**、窓を開けて寝ました。

2 明日は休みだ**から**、どこか行きませんか。

3 彼は忙しそうだ**から**、来ないかもしれない。

4 彼女は用事がある**から**と言って、先に帰った。

5 飛行機は高い**から**、新幹線で行きましょう。

6 彼はアメリカに住んでいた**から**、英語が話せます。

➔「ので」と意味は同じですが、「から」より「ので」のほうがいくぶん丁寧な印象があります。

! 目上の人に依頼や謝罪をしたり、許可を求めたりする場合に「から」を使うと、少しぞんざいで失礼な印象になります。そのような場合には「ので」を使うほうがいいです。

✕ 先生、レポートが全部書けていない**から**、明日出してもよろしいでしょうか。

○ 先生、レポートが全部書けていない**ので**、明日出してもよろしいでしょうか。

機能2 理由を聞かれて、「～からです」と言い切る形で答える

1 A：どうして、日本に留学しましたか。
B：日本の会社に就職したい**から**です。

2 A：なぜ、今日は道が混んでいるんでしょう？
B：たぶん連休だ**から**でしょうね。

公式 2 → **この形は「からです」だけで、「のでです」は使えません。相手に遠慮する理由がなければ、はっきり「からです」を使って答えられますが、目上の人に依頼やをしたり、許可を求めたりする場合は「～ので…」と語尾を濁すようにして答えるほうが丁寧に聞こえます。**

A：どうして英語も勉強しているんですか。
○ B：大学の入学試験で必要だ**から**です。

A：どうして来なかったの？
○ B：ごめん、用事があった**から**。（親しい友人なら使える）

先生：どうして来なかったのですか。
× 学生：すみません、用事があった**から**です。（失礼な印象）
× 学生：すみません、用事がありました**から**……。
（失礼な印象は拭えない）
○ 学生：すみません、用事がありました**ので**……。

26

接続助詞
文と文をつなぐ

～が/～けれど/～けれども

機能1 逆接表現——前件から予想されることと反対の内容を後件で述べる

1 友だちの家に行きました**が**、留守でした。

2 先週は暇だった**けれども**、今週はとても忙しい。

3 都会は便利だ**けれど**、自然が少ない。

4 A：どうして残すの？　まずい？
B：ううん、おいしい**けど**、おなかがいっぱいなんだ。

! 「けれど／けれども」のほかに、会話では「けど」も用いられる。

公式1 ➔「が」「けれど／けれども」は同じ意味で、用法も同じです。しかし、「が」のほうがやや硬い印象があり、書き言葉にも向いています。「けど」→「けれど」→「が」の順で改まった感じが強くなります。

○ スポーツは好きです**けど**、する時間がないんです。
○ スポーツは好きです**けれど**、する時間がないんです。
○ スポーツは好きです**が**、する時間がないんです。
○ スポーツは好きだ**が**、する時間がない。（書き言葉的）

公式2 ➔「が」「けれど／けれども」では、前件よりも後件に重点があります。そのため、前件と後件を入れ替えた場合、ニュアンスが異なります。

○ A：温泉、行きませんか。
B：行きたいです**が**、時間がないんです。（行くのは難しい）

○ A：温泉行きませんか。
B：忙しいです**が**、行きたいです。（時間を見つけて行く）

○ A：あの店、高い**けれど**、おいしいですよ。
B：じゃあ、一度連れていってください。

○ A：あの店、おいしい**けれど**、高いですよ。
B：じゃあ、今回は別のところにしましょうか。

機能2 特に意味はないが、用件の前置きとして用いられる

1 ちょっと聞きたいんだ**けれど**、今、かまわない？

2 すみません**が**、砂糖を取っていただけますか。

3 悪い**けど**、これ、コピーしてもらえる？

4 このレストラン、なかなか良さそうです**けれど**、行ってみませんか。

5 私、A社の大木と申します**が**、山本部長に面会のお約束がありまして…。

公式3 → 会話の中では、この前置きがなく、いきなり用件に入ると唐突な印象になります。

○ ちょっとお聞きしたいんです**が**、この辺りにコンビニはありませんか。

△ この辺りにコンビニはありませんか。

機能3 逆接の意味はないが、同じような内容の文を結びつける

1 彼は酒も飲む**が**、たばこも吸う。

2 彼女は歌も上手だ**けれども**、ピアノもなかなかの腕前ですよ。

3 A：旅行、どうする？
B：海もいい**けど**、温泉もいいなあ。

公式4 → この用法は「〜し」などで言い換えられますが、逆接の場合は言い換えられません。

○ 彼は酒も飲む**が**、たばこも吸う。

○ 彼は酒も飲む**し**、たばこも吸う。

○ 彼は酒を飲む**が**、たばこは吸わない。（逆接）

✕ 彼は酒を飲む**し**、たばこは吸わない。

機能4 後に続く結論部分を省略して文の調子を和らげる

1 A：どう思われますか。
　B：さあ、私にはよくわかりません**けれど**。

2 A：どちらにしましょうか。
　B：私はどちらでもかまいません**が**。

3 社長、そろそろ出発のお時間です**が**。

公式5 ➜ **語尾を強く言うと、投げやりな印象や、非難しているように聞こえるので、語尾を濁すように発音します。**

A：どちらにしましょうか。
↓
○ B：私はどちらでもかまいません**が**……。
× B：私はどちらでもかまいません**が**！
（「勝手にしろ！」というニュアンス）

27

接続助詞
文と文をつなぐ

～のに

機能1 逆接表現――単なる逆接ではなく、話者の不満や残念な気持ち、驚きなどを含む

1 ３日前にメールをした**のに**、まだ返事が来ません。

2 徹夜で勉強した**のに**、合格できませんでした。

3 あの子はまだ小学生な**のに**、しっかりしている。

4 プレゼントを一生懸命選んだ**のに**、彼女は喜んでくれなかった。

5 彼女はせっかく大学に合格した**のに**、入学しなかった。

公式1 ➔「のに」は逆接の「が／けれど／けれども」で言い換えられますが、その反対はできないものもあります。

○ せっかく会いに行った**のに**、会えませんでした。
（不満、残念な気持ちが表れている）

○ せっかく会いに行った**けれど**、会えませんでした。

○ 昨日はいい天気でした**が**、今日は雨です。（特に不満は感じられない）

○ 昨日はいい天気だった**のに**、今日は雨です。
（不満、残念な気持ちが表れている）

○ 都会は便利だ**けれど**、物価が高い。

✕ 都会は便利な**のに**、物価が高い。

公式2 ➔「～のに、…」は事実について述べる文ですので、後件に不確定なことや話し手の意志を含むような文は使えません。この場合、「が／けれど／けれども」で言い換えられます。

○ 練習している**のに**、うまくならない。

✕ 練習している**のに**、うまくならないだろう。

○ 練習している**が**、うまくならないだろう。

○ テストの前な**のに**、遊びに行った。

✕ テストの前な**のに**、遊びに行きたい。

○ テストの前だ**けれど**、遊びに行きたい。

 後に続く結論部分を省略して、不満や残念な気持ち、驚きを表す

1 A：遅れてすみません。
B：あんなに何度も注意した**のに**……。

2 A：ごめん、ご飯食べてきた。
B：え〜、せっかく作った**のに**……。

3 A：あの子、もう漢字が読めるんだって。
B：へえ、まだ５歳な**のに**ね。

4 今度こそ、合格できると思っていた**のに**。

5 どうして言ってくれなかったんですか。知っていれば、協力できた**のに**。

公式 3 ➜ **語尾を強く言うと、不満や残念な気持ち、驚きが強く感じられて、非難しているように聞こえます。この用法は「が／けれど／けれども」では言い換えられません。**

A：すみません、うっかり約束を忘れていました。
↓
○ B：え〜、忘れないでって言った**のに**……。
○ B：え〜、忘れないでって言った**のに**！（怒っている）
✕ B：え〜、忘れないでって言った**が**。
✕ B：え〜、忘れないでって言った**けれど**。

8 接続助詞 文と文をつなぐ

～ても

機能1 事実の逆接――「Aという事実から予想されない結果(B)になった」という意味を表す

1 何度書いて**ても**、漢字が覚えられない。

2 急い**でも**、間に合わなかった。

3 面白くなく**ても**、最後まで読んだ。

4 日本人**でも**、敬語を間違える。

5 X社は有名でなく**ても**、優れた技術がある。

公式1 → 名詞とナ形容詞の否定形は「～でなくても」になることに注意します。

○ 彼女は美人**でなくても**、魅力的だ。

× 彼女は美人**ではなくても**、魅力的だ。

公式2 → 事実の逆接なので、「のに」で言い換えられる場合が多いですが、少しニュアンスが異なります。

○ 急い**でも**、間に合わなかった。
（急いだら間に合うと思ったのに、だめだった）

○ 急いだ**のに**間に合わなかった。
（「急いだ」ことに対する結果に不満がある）

○ 日本人**でも**、敬語を間違える。
（外国人だけではなく、日本人も間違える）

○ 日本人な**のに**、敬語を間違える。
（日本人だけれど間違えることに驚きやあきれる気持ちがある）

逆接条件──「Aという仮定条件から予想されない結果(B)になる」という意味を表す

※「〜たら」の逆

1 家賃が高く**ても**、便利な場所がいいです。

2 急い**でも**、間に合わないでしょう。

3 野菜を食べたくなく**ても**、食べるようにしましょう。

4 どんなに頼ん**でも**、彼は引き受けてくれないだろう。

5 テストですから、わからなく**ても**、辞書を見てはいけません。

6 どんなにお金持ち**でも**、優しくない人とは結婚したくない。

公式 3 → **この用法は、後件が事実ではないので、「のに」で言い換えることができません。**

○ 急い**でも**、間に合わないでしょう。
× 急ぐ**のに**間に合わないでしょう。

○ 家賃が高く**ても**、便利な場所がいいです。
× 家賃が高い**のに**、便利な場所がいいです。

機能3 ある動作・行為・状態に及ぶことを表す

1 日本語で話し**ても**大丈夫ですよ。

2 そこへは地下鉄**でも**行けます。

3 すみません、ちょっと質問し**ても**いいですか。

公式 4 → **状態・手段を表す「て」に「も」を添えて、「〜」にも及ぶことを表します。**

○ 近いので、歩い**ても**行けますよ。
○ 受験票を忘れたときは、他の身分証明書を見せ**ても**教室に入ることができる。
○ クレジットカードのほか、商品券や電子マネーなどを使っ**ても**払えます。

9

接続助詞
文と文をつなぐ

～なら

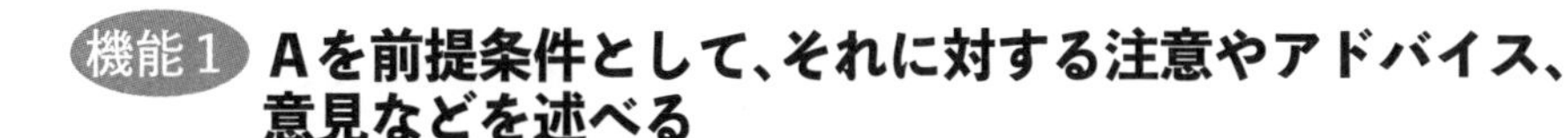

機能1 Aを前提条件として、それに対する注意やアドバイス、意見などを述べる

1 お酒を飲む**なら**、車を運転してはいけません。

2 この時間**なら**、電車は空いているはずだ。

3 大人**なら**、自分の行動に責任を持ってください。

4 この料理を作る**なら**、パクチーがあったほうがいい。

5 大学を受験する**なら**、日本語以外の科目も勉強しなければなりません。

公式1 → 「AならB」の形で、時系列がA、Bの順の場合、「たら」で言い換えられます。

○ 海外旅行に行く**なら**、お土産を買ってきてね。
○ 海外旅行に行っ**たら**、お土産を買ってきてね。

公式2 → BがAをする前の場合は、「なら」しか使えません。

○ 海外旅行に行く**なら**、旅行保険に入ったほうがいいですよ。
× 海外旅行に行っ**たら**、旅行保険に入ったほうがいいですよ。

公式3 → 「たら」で言い換えられる場合も、ニュアンスが異なります。

○ 彼が行く**なら**、私も行きます。（彼が行かなければ、私も行かない）
○ 彼が行っ**たら**、私も行きます。（彼が行った後、私も行く）

機能2 相手の発言を受けて、そのことに関する情報や自分の考えなどを述べる

1 A：私のスマホ見なかった？
B：スマホ**なら**、キッチンのテーブルの上にあったよ。

2 A：新しいパソコンを買いたいんですが、どの店がいいでしょうか。
B：パソコンを買う**なら**、ついて行ってあげますよ。

3 Ａ：明日、伺ってもよろしいでしょうか。
Ｂ：午後**なら**大丈夫ですよ。

公式4 ➔ 特に自分の意見や情報がない場合は、「なら」は使えません。

Ａ：私のスマホ見なかった？
○ Ｂ：スマホ**なら**、キッチンのテーブルの上にあったよ。
✕ Ｂ：スマホ**なら**、見なかったよ。

機能3「Ａはだめだが、Ｂならいい」という代替条件を示す

1 明日は都合が悪いですが、明後日**なら**空いています。

2 ピアノは弾けませんが、ギター**なら**少しできます。

3 肉類は苦手ですが、卵**なら**食べられます。

公式5 ➔「Ａはだめだが、Ｂならいい」という順序で、その逆の「Ａはいいが、Ｂならだめだ」は使えません。

○ 日本酒は飲めませんが、ワイン**なら**好きです。
✕ ワインは好きですが、日本酒**なら**飲めません。

機能4「ＡならＡで」という形で、対処法などを示す

1 休む**なら**休むで、前もって連絡してください。

2 友達と旅行するのは楽しいが、一人**なら**一人で気楽だ。

3 金はあったほうがいいが、無い**なら**無いで、楽しめる趣味もある。

公式6 ➔「本当にＡの場合は、対処法がある、考え方次第だ」という意味を表します。

○ 忙しい**なら**忙しいで、時間の使い方を考えなさい。
✕ 忙しい**なら**忙しいで、睡眠不足です。

接続助詞 文と文をつなぐ ～たら

機能1 仮定条件を示し、その場合はどうなるか、どうするかを述べる

1 もし、空が飛べ**たら**、すぐに会いに行きたい。

2 もし、明日雨だっ**たら**、ハイキングは中止です。

3 宝くじが当たっ**たら**、どうしますか。

4 食べたくなかっ**たら**、無理に食べなくてもいいですよ。

公式1 → 可能性があることにも、全く可能性がないことにも用いられます。
※「もし」は、あってもなくてもかまいません。

○ 私があなただっ**たら**、そんなことはしないだろう。
○ 暇だっ**たら**、どこか行きませんか。

機能2 確定条件を示し、その場合はどうなるか、どうするかを述べる

1 春になっ**たら**、旅行に行きましょう。

2 テストができ**たら**、帰ってもいいですよ。

3 迎えに行きますから、駅に着い**たら**電話してください。

公式2 → この用法は動詞しか用いられません。

○ その本を読み終わっ**たら**貸してください。（確定条件）
○ その本が面白かっ**たら**、貸してください。（仮定条件）

機能3 ある条件が成立すると、いつもある結果になるということを表す

1 春になっ**たら**、桜が咲きます。

2 掃除をし**たら**、きれいになる。

3 私はお酒を飲ん**だら**、顔が赤くなります。

公式 3 → 前件によって引き起こされる変化や結果を後件で述べます。この用法は「と」で言い換えられます。

○ コップを落とし**たら**、割れる。
○ コップを落とす**と**、割れる。

○ 勉強し**たら**、成績が上がるだろう。
○ 勉強する**と**、成績が上がるだろう。

機能4 「前件が起こって初めて後件がわかったこと」を表す

1 外を見**たら**、雨が降っていた。

2 スマホを開け**たら**、何通もメールが来ていた。

3 本の通りに料理を作っ**たら**、おいしくできた。

公式 4 → この用法では、「(前件の成立によって) 常に後件が起こること」を言っているわけではありません。「そのとき、どうだったか」について述べているのです。

○ スマホを開け**たら**、何通もメールが来ているんです。
(いつも来ている)

○ さっきスマホを開け**たら**、何通もメールが来ていました。
(その時だけ)

機能5 過去の事実と反することを述べる

1 もっと勉強してい**たら**、その大学に入れたのに。

2 台風が来なかっ**たら**、今ごろは楽しく旅行しているはずだ。

3 あのとき、彼と結婚してい**たら**、どうなっていただろう。

公式 5 → 過去を後悔する場合も、その逆の場合もあります。

○ あの電車に乗ってい**たら**、間に合ったのに。
○ あの電車に乗ってい**たら**、事故に巻き込まれていただろう。

機能6「～たらいい」の形で、アドバイスや提案をする

⇒ P.81「機能２」参照

1 疲れたときは、無理をしないで休ん**だらいい**よ。

2 京都に行くなら、清水寺に行っ**たらいい**よ。

3 初めての場所でも、スマホの地図を見**たらいい**よ。

公式6 ➜「～ばいい」で言い換えても、同じ意味になりますが、「～たほうがいい」とはニュアンスが異なります。

○ 薬を飲ん**だらいい**よ。（薬を飲んだらよくなるというニュアンス）

○ 薬を飲め**ばいい**よ。（薬を飲んだらよくなるというニュアンス）

○ 薬を飲ん**だほうがいい**よ。（いくつかの方法から提案している）

機能7 例を挙げて行動を提案する

※会話の中で語末に用いる

1 わからなければ、先生に聞い**たら**？

2 A：あ～、疲れた。
B：じゃあ、ちょっと休憩し**たら**？

3 A：どっちがいいと思う？
B：こっちにし**たら**？

➜「ば」で言い換えても、同じ意味になります。

○ 眠いのなら、コーヒーを飲ん**だら**？

○ 眠いのなら、コーヒーを飲め**ば**？

31

接続助詞
文と文をつなぐ

～ながら

機能1 二つの動作が同時に並行して行われることを表す

1 テレビのニュースを見**ながら**、朝ご飯を食べます。

2 辞書で言葉の意味を調べ**ながら**、作文を書いた。

3 お茶でも飲み**ながら**、話しませんか。

4 昼間は働き**ながら**、夜、大学に通いました。

公式1 ➔「AながらB」は、どちらかと言えば、後件に重点があります。そのため、「BながらA」で言い換えると不自然になる場合もあります。

○ タバコを吸い**ながら**、歩かないでください。
○ 歩き**ながら**、たばこを吸わないでください。

○ お茶でも飲み**ながら**、話しませんか。（話をするのがメイン）
△ 話し**ながら**、お茶でも飲みませんか。

○ アルバイトをし**ながら**、大学に通った。（大学に行くのがメイン）
△ 大学に通い**ながら**、アルバイトをした。

公式2 ➔「AながらB」の前件（A）は継続動詞で、瞬間動詞は使えません。

✕ くつを脱ぎ**ながら**、リラックスしてください。
○ くつを脱い**で**、リラックスしてください。

機能2 「Aながら（も/に）B」で逆接の意味を表す

※「けれども」で言い換えられる

1 彼は知ってい**ながら**、教えてくれなかった。

2 テストの結果は、残念**ながら**、不合格だった。

3 彼女のプレゼンは、新人**ながらも**、なかなか素晴らしかった。

4 勝手**ながら**、本日は休ませていただきます。

5 狭い**ながらも**楽しい我が家です。

公式3 → 「AながらB」の前件（A）は、マイナスの内容の場合が多いです。

○ 彼女の部屋は、古い**ながらも**清潔な感じがした。

✕ 彼女の部屋は、新しい**ながらも**ゴミだらけだった。

機能3 「Aながら（に/にして/の）B」の形で、「Aのままの状態が続いていること」を表す

※Aは名詞

1 彼は生まれ**ながらに**音楽の才能に恵まれていた。

2 祖母は涙**ながらに**若いころの経験を語った。

3 インターネットのおかげで、家にい**ながらにして**楽しめることがたくさん増えた。

4 この店は、昔**ながらの**やり方でしょう油を製造しています。

公式4 → この用法で用いられる名詞は限られています。

○ スタッフは、現場の悲惨な状況を涙**ながらに**訴えた。

○ いつも**ながら**、素晴らしい演奏だった。

○ 駅の近くに、昔**ながらの**喫茶店があった。

32

接続助詞
文と文をつなぐ

～ものの

「AもののB」の形で、「Aは事実だが、それに反する結果や状態（B）が生じている」ことを表す

1 問題集を買った**ものの**、まだ1ページもやっていない。

2 このスーパーは高い**ものの**、商品の質がいい。

3 運転免許は持っている**ものの**、車がありません。

4 祖父は90歳**とはいうものの**、パソコンもスマホも使いこなしている。

! 名詞とナ形容詞には、「～**とはいうものの**」の形が用いられる。

公式1 ➔ たいていの場合、「けれども」で置き換えられます。

○ 運転免許は持っている**ものの**、車がありません。

○ 運転免許は持っている**けれども**、車がありません。

公式2 ➔ 「Aものの」のAには基本的に事実（現在得られている結果や状態）が入り、そうでない場合は、あまりなじみません。

△ 運転免許を取りたい**ものの**、時間がありません。
（願望で事実ではない）

○ 運転免許を取りたい**けれども**、時間がありません。

接続助詞
文と文をつなぐ

〜ところで

「AところでB」の形で、「Aをしても結果が期待できないから無駄だ」という意味を表す

1 今から急いだ**ところで**間に合わない。

2 試験を受けた**ところで**、合格できないだろう。

3 彼氏もいないし、きれいな服を買った**ところで**、着るチャンスがない。

4 こんなに物価が上がっては、ちょっと節約した**ところで**追いつかない。

公式1 ➔ 前件（A）は動詞のた形で、「もし、〜したとしても（無駄だ）」と、Aをする前にあきらめている気持ちを含みます。「〜ても」で置き換えられますが、事実には使えません。

○ 勉強した**ところで**、私にはわからない。（難しくて、あきらめている）
○ 勉強し**ても**、私にはわからない。（勉強しているのにわからない）
○ （たとえ）勉強し**ても**、私にはわからないだろう。（まだ勉強していない）
○ 勉強し**ても**、私にはわからなかった。（勉強したけれど、わからなかった）
× 勉強した**ところで**、私にはわからなかった。

公式2 ➔ 接続詞の「ところで」は、話題の転換などに使い、全く別の意味になります。

○ これで今日の授業は終わります。**ところで**、来週から夏休みですが……。
○ 毎日暑いですね。**ところで**、面白い映画があるんですが、一緒に行きませんか。

「AところでB」の形で、「Aのレベルが予想よりも低い」という意味を表す

※Aは「動詞のた形」

1 父は怖いが、母が怒っ**たところで**、あまり怖くない。

2 失敗し**たところで**、大したことないよ。またやればいいさ。

3 時給が上がっ**たところで**、せいぜい50円ぐらいだろう。

4 ケンカし**たところで**、すぐにまた仲直りできるさ。

公式3 ➔「後件はそれほど問題ではない、大したことはない」という内容になります。

○ 失敗し**たところで**、クビにはならないだろう。

✕ 失敗し**たところで**、クビになるだろう。

授業用例文集

て

(1)
❶ 優しく**て**、おもしろい人が好きです。
❷ 彼女の部屋はきれい**で**広いです。
❸ 朝から熱があっ**て**、咳が出ます。
❹ 彼は有名な作家**で**、医者でもあります。

(2)
❶ これからご飯を食べ**て**、お風呂に入ります。
❷ 友だちと会っ**て**、映画を見ました。
❸ お湯を入れ**て**、3分待ったら、食べられます。
❹ 右に曲がっ**て**、まっすぐ行っ**て**、橋の手前で止めてください。

(3)
❶ 眼鏡をかけ**て**、新聞を読みます。
❷ ここに座っ**て**話しませんか。
❸ 朝ご飯を食べない**で**、学校に行きました。
❹ 傘を差し**て**自転車に乗ってはいけません。
❺ 忘れない**で**メールをしてください。

(4) ※理由や原因を表す。
❶ 漢字が難しく**て**、読めませんでした。
❷ 遅れてしまっ**て**、すみません。
❸ お会いでき**て**、うれしいです。
❹ 時間がなく**て**、連絡できませんでした。

(5) ※手段や方法を表す。
❶ 地下鉄**で**会社に行きます。
❷ インターネット**で**調べました。
❸ 漢字は何回も練習し**て**、覚えました。
❹ 母に教えてもらっ**て**、料理が作れるようになりました。
❺ 自分の目で見**て**、確かめてください。

と

(1)
❶ 彼は明日来る**と**言いました。
❷ 私は日本語能力試験を受けよう**と**思っています。
❸ 私は、大阪は生活しやすい**と**思います。
❹ 友だちにお金を貸してほしい**と**頼まれました。
❺ 昨日、この交差点で事故があった**と**聞きました。

(2)
❶ 春になる**と**、桜が咲きます。
❷ 右に曲がる**と**、コンビニがあります。
❸ お金を入れてボタンを押す**と**、切符が出ます。
❹ この歌を聞く**と**、高校時代を思い出します。
❺ あなたがいない**と**寂しいです。
❻ 受付でこの QR コードを見せる**と**、入場できます。

(3)
❶ 窓の外を見る**と**、雪が降っていた。
❷ スマホを見る**と**、メールが来ていた。
❸ 箱を開ける**と**、きれいなネックレスが入っていた。
❹ 問題をやってみる**と**、簡単に解けた。

ば ⑴ ❶ 急げ**ば**、間に合います。
❷ 急がなけれ**ば**、間に合いません。
❸ 安けれ**ば**買います。
❹ 安くなけれ**ば**買いません。
❺ 明日、晴れれ**ば**、遊びに行きましょう。
❻ いい天気でなけれ**ば**、遊びに行きません。
❼ 勉強すれ**ば**、合格できたのに。
❽ 台風が来なけれ**ば**、旅行に行けたのに。

⑵ ❶ わからなかったら、誰かに聞け**ばいい**よ。
❷ 泊る所がないなら、うちへ来れ**ばいい**よ。
❸ 疲れたら、無理をしないで休め**ばいい**よ。
❹ 失敗しても、また挑戦すれ**ばいい**。

⑶ ❶ わからなかったら、誰かに聞け**ば**？
❷ おなかが空いたのなら、何か食べれ**ば**？
❸ A：最近、運動不足だなあ。
B：ジムにでも行け**ば**？
❹ A：さっきから頭が痛くて……。
B：薬を飲め**ば**？

⑷ ❶ 彼は勉強もできれ**ば**、スポーツも得意だ。
❷ 彼女は歌も得意なら、ピアノもうまい。（「ならば→なら」の形）
❸ ここは駅からも近けれ**ば**、環境も良くて、気に入っている。
❹ 金も無けれ**ば**、時間も無いから、旅行なんて行けないよ。

ので ❶ 友だちが来る**ので**、空港まで迎えに行きます。
❷ すみません、忙しかった**ので**連絡できませんでした。
❸ 今日は用事があります**ので**、お先に失礼します。
❹ すみません、聞こえません**ので**、少し大きい声で言っていただけますか。
❺ レポートがまだ全部書けていない**ので**、明日出してもよろしいでしょうか。
❻ 先生：どうして休んだんですか。
学生：すみません、頭が痛かった**ので**……。

から ⑴ ❶ 服が汚れた**から**、洗濯しました。
❷ 明日は休みだ**から**、どこか行きませんか。
❸ この部屋はきれいだ**から**、掃除しなくてもいいです。
❹ 明日はテストです**から**、よく復習してください。
❺ 彼はアメリカに住んでいた**から**、英語が話せます。

⑵ ❶ A：どうして、日本に留学しましたか。
B：日本の文化に興味がある**から**です。
❷ A：わあ、このバッグ、高いですね。
B：ブランドものです**から**。
❸ A：なぜ、道が混んでいるんでしょう？

B：たぶん連休だ**から**でしょう。
❹ A：あれ、ご飯食べないの？
B：うん、さっき食べた**から**。

が／けれど／けれども

(1)
❶ 辞書で調べました**が**、わかりませんでした。
❷ 肉は好きだ**けれども**、魚は苦手だ。
❸ 先週は暖かかった**けれど**、今週は寒いです。
❹ この薬は苦い**が**、よく効く。
❺ A：新しい仕事はどう？
B：忙しい**けど**、おもしろいよ。

(2)
❶ 失礼です**が**、どちらさまでしょうか。
❷ 悪い**けど**、ちょっと手伝ってくれる？
❸ ちょっとお聞きしたいことがあるんです**が**、今、よろしいですか。
❹ 今から出かける**けれども**、何か買ってくるものある？
❺ 私、A社の大木と申します**が**、山本部長に面会のお約束がありまして……。

(3)
❶ 日本の夏は気温も高い**が**、湿度も高くて蒸し暑い。
❷ 課長は部下にも厳しいです**が**、自分にも厳しい方ですね。
❸ A：旅行、どうする？
B：海もいい**けど**、山も捨てがたいなあ。
❹ あの女優はテレビでもよく見かける**けれども**、舞台でも活躍している。

(4)
❶ A：どんなスポーツがお好きですか。
B：テニスなら少しできます**が**。
❷ A：Bさんはどう思いますか。
B：私はどちらでもかまいません**けれど**。
❸ 社長、そろそろ出発のお時間です**が**。
❹ 彼は九州の出身らしいですよ。よく知りません**が**。

のに

(1)
❶ メールをした**のに**、返事が来ません。
❷ 宿題をした**のに**、持ってくるのを忘れた。
❸ 彼は知っている**のに**、教えてくれなかった。
❹ 先月、自転車を買ったばかりな**のに**、盗まれてしまった。
❺ あまり勉強しなかった**のに**、合格できた。
❻ 明日は遠足な**のに**、雨が降りそうだ。

(2)
❶ A：ごめん、明日の映画、仕事で行けなくなった。
B：え～、楽しみにしてた**のに**……。
❷ A：リーさん、N2に合格したんだって。
B：すごい！半年前から勉強し始めた**のに**。
❸ A：お皿を割ってしまってすみません。
B：あれほど気を付けてって言った**のに**……。
❹ 今度こそ、テストに合格できると思っていた**のに**。
❺ 今日、彼に会えたら、話すつもりだった**のに**。

ても

(1)
❶ 先生の説明を聞い**ても**、よくわからなかった。
❷ いくら練習し**ても**、自転車に乗れない。
❸ おいしくなく**ても**、全部食べた。
❹ あのテーマパークはいつ行っ**ても**、混んでいる。
❺ 雨**でも**外で練習をしました。
❻ あの女優は美人でなく**ても**、とてもチャーミングだ。

(2)
❶ 彼に頼ん**でも**、無駄だ。
❷ 急いで行っ**ても**間に合わないでしょう。
❸ 簡単だから、勉強しなく**ても**わかるだろう。
❹ 嫌い**でも**、野菜を食べなければいけませんよ。
❺ 日本で働くなら、敬語が難しく**ても**、覚えてください。
❻ A：今、すぐ来てください。
B：え〜、急にそんなことを言われ**ても**……。

(3)
❶ ちょっと質問し**ても**いいですか。
❷ 近いので歩い**ても**行けますよ。
❸ 電子マネー**でも**大丈夫です。

なら

(1)
❶ お酒を飲む**なら**、車を運転してはいけません。
❷ この時間**なら**、彼はまだ会社にいるでしょう。
❸ 彼に会う**なら**、よろしく伝えてください。
❹ 出かける**なら**、買い物を頼みたいんだけど。
❺ その電子レンジ、要らない**なら**、私にくれませんか。
❻ 日曜日、暇**なら**、映画でも見ませんか。
❼ 海外旅行に行く**なら**、簡単なあいさつや数字ぐらいは覚えていったほうがいい。

(2)
❶ A：私のスマホ見なかった？
B：スマホ**なら**、机の上にあったよ。
❷ A：明日、伺ってもよろしいでしょうか。
B：午前中**なら**大丈夫ですよ。
❸ A：夏に富士山に登るんです。
B：富士山に登る**なら**、登山靴や防寒具が必要ですよ。
❹ A：灰皿、ありますか。
B：ありません。タバコを吸う**なら**、外でお願いします。

(3)
❶ 今週の日曜日は都合が悪いですが、来週**なら**空いています。
❷ 豚肉は食べられませんが、牛肉や鶏肉**なら**大丈夫です。
❸ スポーツは特にしませんが、ハイキングや山歩き**なら**ときどきします。
❹ クレジットカードは使えませんが、電子マネー**なら**ご利用いただけます。

(4)
❶ 来る**なら**来るで、前もって知らせてくれれば、ご飯を用意したのに。
❷ 勉強する**なら**するで集中してやる、遊ぶなら遊ぶで思い切り楽しんだほうがいい。
❸ 忙しい**なら**忙しいで、時間を有効に使えばいい。

❹ ペットを飼う**なら**飼うで、最後まで責任をもって飼ってください。
❺ 家族と離れて暮らすのは寂しいが、一人**なら**一人で気楽だ。

たら

(1)
❶ もし、空が飛べ**たら**、すぐに会いに行きたい。
❷ 明日いい天気だっ**たら**、お弁当を持って出かけましょう。
❸ もし、一日が 50 時間だっ**たら**、何がしたいですか。
❹ 3億円の宝くじが当たっ**たら**、仕事をやめて世界旅行がしたい。
❺ 行きたくなかっ**たら**、無理に行かなくてもいいですよ。

(2)
❶ 12 時になっ**たら**、休みましょう。
❷ 卒業し**たら**、彼女と結婚します。
❸ レポートを出し**たら**、帰ってもいいですよ。
❹ 迎えに行きますから、駅に着い**たら**電話してください。
❺ その本を読み終わっ**たら**貸してください。

(3)
❶ この公園は、春になっ**たら**、桜がとてもきれいですよ。
❷ お金を入れて、ボタンを押し**たら**、切符が出ます。
❸ 勉強し**たら**、成績が上がるでしょう。
❹ あの角を曲がっ**たら**、コンビニがあります。
❺ 私はお酒を飲ん**だら**、顔が赤くなります。

(4)
❶ 窓の外を見**たら**、暗くなっていた。
❷ テレビをつけ**たら**、友だちが出ていて、びっくりした。
❸ 本の通りに料理を作っ**たら**、おいしくできた。
❹ 家に帰っ**たら**、母から荷物が届いていた。
❺ スマホを落とし**たら**、画面がちょっと割れてしまった。

(5)
❶ もっと勉強してい**たら**、その大学に入れただろう。
❷ 台風が来なかっ**たら**、旅行に行けたのに。
❸ 日本に留学していなかっ**たら**、今ごろ、どこで何をしていただろう。
❹ パーティー、楽しかったよ。あなたも来**たら**よかったのに。
❺ あの電車に乗ってい**たら**、事故に巻き込まれていただろう。

(6)
❶ 疲れたときは、ゆっくり寝**たらいい**よ。
❷ 失敗しても、また挑戦し**たらいい**よ。
❸ おなかがいっぱいなら、残し**たらいい**よ。
❹ イタリアに行くなら、本場のピザを食べ**たらいい**ですよ。
❺ 外国で道を聞きたいときは、スマホの翻訳アプリを使っ**たらいい**。

(7)
❶ わからなければ、スマホで調べ**たら**？
❷ 眠いのなら、コーヒーを飲ん**だら**？
❸ A：ねえ、どっちのシャツがいいと思う？
　B：ピンクのほうにし**たら**？
❹ A：あ〜、疲れた。
　B：散歩でもして、ちょっと気分転換し**たら**？

ながら

(1)
❶ 家族と話し**ながら**、晩ご飯を食べます。
❷ スマホを見**ながら**、運転したら危ないよ。
❸ 地図を見**ながら**、待ち合わせの場所に向かった。
❹ お茶でも飲み**ながら**、話しませんか。
❺ 昔は、女性が働き**ながら**子供を育てるのは、とても大変だった。
❻ 彼は奨学金をもらって、アルバイトもし**ながら**、大学を卒業した。

(2)
❶ 彼は知ってい**ながら**、知らないふりをしていた。
❷ 今回は残念**ながら**、欠席させていただきます。
❸ 彼はまだ子ども**ながら**も、すばらしい絵を描く。
❹ 勝手**ながら**、3日間お休みをいただきます。
❺ この会社は小さい**ながら**も、活気があって、みんな生き生きと仕事をしている。
❻ 狭い**ながら**も楽しい我が家です。

(3)
❶ 彼は生まれ**ながらに**、足が不自由だった。
❷ 彼女は涙**ながらに**、上司に抗議した。
❸ インターネットのおかげで、家にい**ながらにして**外国の人たちと交流できる。
❹ この地域には、昔**ながらの**慣習が残っています。
❺ ごちそうさまでした。いつも**ながら**、最高においしかったです！

ものの

❶ 一人でできると言った**ものの**、自信がない。
❷ ボーナスが出た**ものの**、大したものは買えない。
❸ その店のカレーはとても辛い**ものの**、また食べたくなる不思議な味だ。
❹ 彼女とはずっと同じクラスだった**ものの**、あまり話したことがありません。
❺ 運転免許は持っている**ものの**、10 年以上運転していません。
❻ 祖父は 90 歳**とはいうものの**、元気に一人で生活しています。

ところで

(1)
❶ 走って行った**ところで**間に合わない。
❷ 宝くじなんて買った**ところで**、どうせ当たらないよ。
❸ 話し合った**ところで**、問題は解決しない気がします。
❹ 運転免許を取った**ところで**、家には車がありません。
❺ うちは日当たりが悪いから、花を植えた**ところで**うまく育たない。
❻ こんなに物価が上がっては、ちょっと節約した**ところで**追いつきません。

(2)
❶ 不合格になった**ところで**、別にがっかりしないよ。
❷ 失敗した**ところで**、クビになることはないさ。
❸ あの二人はずっと親友だから、ケンカした**ところで**、すぐにまた仲直りするよ。
❹ 薬を飲んだ**ところで**、完全には治らない。

グループ4

副助詞

～さまざまな語に付いて、副詞のように意味を添える

34 副助詞 さまざまな語に付いて、副詞のように意味を添える ～は

※副助詞は、取り立て助詞ともいう。

機能1 ある話題を取り上げて、内容を説明したり問うたりする

1 私**は**田中です。

2 A：これ**は**何ですか。
B：それ**は**辞書です。

公式1 → 「は」は、「AはB」の形で（Aの内容である）Bに重点を置いて表現されることが多いです。主に、主題について、内容を説明したり問うたりするときに使われます。

○ 彼女**は**医者です。
○ 今日の夕食**は**カレーです。
○ タイトル**は**忘れました。

! 「が」は、「AがB」の形で（主語や動作主である）Aに重点を置いて表現されることが多いです。主に、出来事や事実を述べるときに使われます。
⇒ p.10 参照

× 突然、雨**は**降ってきた。
○ 突然、雨**が**降ってきた。

公式2 → 伝えたい情報や聞きたい情報は「は」の後にあります。
そのため、疑問詞は「は」の後にしか来ません。

× 何曜日**は**休みですか。（←聞きたい情報が「は」の前にあるので×）
○ 休み**は**何曜日ですか。（←聞きたい情報が「は」の後にあるので○）
× このチームの誰**は**代表ですか。
（↑聞きたい情報が「は」の前にあるので×）
○ このチームの代表**は**誰ですか。
（↑聞きたい情報が「は」の後にあるので○）

機能2 主題を表す

1 今日**は**天気がいい。

2 石川さん**は**頭がいい。

3 お土産**は**何にしますか。

4 体調**は**どうですか。

公式3 → **助詞の位置で主題が変わりますが、文の意味が変わらない場合も多いです。**

○ 彼女**は**目**が**きれいだ。(←「彼女」が主題)
○ 彼女**の**目**は**きれいだ。(←「彼女の目」が主題)

○ ニューヨーク**は**物価**が**高い。(←「ニューヨーク」が主題)
○ ニューヨークの物価**は**高い。(←「ニューヨークの物価」が主題)

機能3 周知の事実、一般的な事柄を示す

1 地球**は**丸いです。

2 1分**は**60秒です。

公式4 → **誰でも知っている事柄や定義について提示する場合、「は」を使います。**

○ 海**は**広い。
× 海**が**広い。

機能4 話し手の判断を示す

1 旅行**は**楽しい。

2 彼女**は**とてもやさしい人だ。

公式5 → 話し手の判断として形容詞文の中で「〜はない」が使われた場合は、ある点についての言及（否定）にとどまり、それ以上は聞き手の解釈に委ねられます。

○ この服、高く**は**ない。
（↑高いと思っていないことはわかったが、それ以上のことははっきりわからない）

○ A：味はどう？
B：うーん、まずく**は**ない。
（↑まずいと思っていないことはわかったが、それ以上の評価の中身はわからない）

機能5 一度出た話題について再提示する

1 アメリカに孫がいます。その孫**は**今年で 20 歳になります。

2 A：きれいな花ですね。
B：この花**は**「母の日」に娘からもらったんです。

公式6 → **既出の話題や既知の情報、話し手と聞き手の間で了解されていることなどについては「は」が使われます。**

○ お店の雰囲気**は**どうでしたか。

○ 社長**は**さっき出かけました。

○ あ、財布がない！ 財布**は**どこ？

✕ あ、財布がない！ 財布**が**どこ？

○ 京都に行きました。桜**が**満開できれいでした。

○ 京都に桜を見に行きました。桜**は**満開できれいでした。
（「桜」が既出）

公式7 ➔ 相手から与えられた話題について述べる際にも「は」を使います。

O A：お父さん**は**元気ですか。
B：はい、父**は**元気です。

✕ B：はい、父**が**元気です。

O A：休みの日**は**何をしますか。
B：休みの日**は**よく映画を見ます。

機能6 2つの事柄を対比して述べる

1 暖房をつけているので、家の中**は**暖かいが、外**は**寒い。

2 兄**は**働いていますが、弟**は**まだ大学生です。

公式8 ➔ 「を」や「が」を使った二つの文を対比して示したい場合、「は」に置き換えて表します。

朝ご飯を食べませんでした。昼ご飯を食べました。
↓
O 朝ご飯**は**食べませんでしたが、昼ご飯**は**食べました。

スポーツを見るのが好きです。
するのがあまり得意ではありません。
↓
O スポーツを見るの**は**好きですが、するの**は**あまり得意ではありません。

機能7 数量を強調する

1 ここから駅まで歩いて20分**は**かかります。

2 どんなに高くても5000円**は**しないだろう。

公式 9 ➔「少なくとも〜だ」もしくは「多くとも〜だ」という意味を表します。

O どんなに急いで行っても、1時間**は**かかる。（←少なくとも1時間だ）

O 今から急いで行ったら、1時間**は**かからない。（←多くとも1時間だ）

機能8 対象範囲を強調する

1 結婚記念日なんだから、今日**は**早く帰ってきてね。

2 いろいろな国へ行ったが、トルコに**は**行ったことがない。

公式 10 ➔「その範囲に限って」という意味で範囲を限定します。
「〜だけ」を付けて「〜だけは」にすると、さらに強調することができます。

O 結婚記念日なんだから、今日**だけは**、早く帰ってきてね。

機能9 不足や問題がありながらも、ある程度のことはしていることを表す

1 A：来月の研修のこと、わかりますか。
B：聞いて**は**いますが、詳しいことはわかりません。

2 A：納豆は好きですか。
B：食べ**は**しますが、あまり好きではありません。

公式 11 ➔ 動詞の後につくと、後ろに否定的な意味合いが含まれます。

O 卒業後の進路について、考えて**は**いる。
（↑だが、まだ何も行動していない）

機能10 習慣的な動作の繰り返しを示す

1 毎年韓国に行っては、買い物したり、おいしいものを食べたりしている。

2 彼女とは長い付き合いで、喧嘩をしては仲直りをする、の繰り返しです。

3 若い頃は無駄遣いばかりで、買っては捨てての繰り返しだった。

機能11 複文の主節の主語としての役割

1 父は私があげたネクタイを大切に使っている。

2 私は姉が 10 歳の時に生まれた。

公式 12 → **複文の中で、「は」は主節の主語を受け、主節の述語を導く。一方、「が」は従属節の主語を受け、従属節は文全体の中で形容詞や副詞の働きを持つ。**

O 父は、[私があげた] ネクタイを大切に使っている。
従属節

(→「父は」主節の主語、「大切にしている」という述語につながる)

O 私は、[姉が 10 歳のときに] 生まれた。
従属節

(→主節の主語「私は」は、「生まれた」という述語につながる)

副助詞
さまざまな語に付いて、副詞のように意味を添える

～も

機能1 性質や結果などがあるものと共通することを示す

1 彼は北海道の出身です。彼女**も**北海道の出身です。

2 祖母の得意料理は肉じゃがです。母の得意料理**も**肉じゃがです。

公式1 ➔ 2つのものが同じであることを表す場合は「も」、違うこと（対照的な内容）を表す場合は「は」を使います。

O 昨日は晴れでした。今日**も**晴れでした。

O 昨日は晴れでした。今日**は**雨でした。

機能2 同じようなものを並列して示す

1 チケットは店頭で**も**インターネットでも買えます。

2 東京タワーに**も**東京スカイツリーにも上ってみたい。

公式2 ➔「～も～も」は範囲が広い様子を表します。慣用句的な表現としても使われます。

O 父**も**母**も**この大学で学びました。(←父だけでなく母までも)

O 父と母はこの大学で学びました。(←父と母について言えば)

O 大学に入ったら、あれ**も**これ**も**やってみたい。
(↑やってみたいことがたくさんある)

機能3 対象や範囲などを付け加える

1 このアニメは日本だけでなく、海外で**も**人気がある。

2 彼は今だけではなく、将来のこと**も**考えて行動している。

公式3 ➔「～だけでなく」などと一緒に使わず、暗に他の事柄を示すこともあります。

O 客　：（コンビニのレジ前で）すみません、これ**も**ください。
店員：はい、こちら**も**ですね。ありがとうございます。

機能4 数量を強調する

1 ここまで来るのに、タクシーで1万円**も**かかった。

2 時間を1分**も**無駄にしたくない。

公式4 → 思っていたより多い、あるいは、少ないという気持ちを表します。同じ数量でも、多いことを強調する場合は肯定文、少ないことを強調する場合は否定文になります。

O 店の前に10人**も**並んでいた。（←思っていたより多くの人が並んでいる）

O 店内にお客さんは10人**も**いなかった。
（↑思っていたよりお客さんが少ない）

機能5 肯定または否定を強調する

1 連休中はどこ**も**人が多い。

2 今日は朝から何**も**食べていない。

公式5 → 疑問詞「どこ、いつ、どれ」に「も」が付くと、肯定文では「全部〜だ」という全面肯定になり、否定文では「全部〜ない」という全面否定になります。ただし、「何も、だれも」など「疑問詞＋も」の形の語は肯定文には使われません。

O 教室に誰**も**いません。（←否定の強調）

X 教室に誰**も**います。（←肯定の強調）

機能6 極端な例を挙げて意味を強調する

1 今では一般人**も**月に行けるようになった。

2 腰が痛くて、ベッドから起き上がること**も**できなかった。

公式6 → 「普通では考えられないほどだ」という意外性や驚きを表す「も」は、「さえ」に置き換えることができます。

O 彼は長い間日本に住んでいるのに、ひらがな**も**読めない。

O 彼は長い間日本に住んでいるのに、ひらがな**さえ**読めない。

副助詞
さまざまな語に付いて、副詞のように意味を添える

～か

機能1 説明のために情報を添えて、それが不確かであることを表す

1 昨日の17時頃だった**か**、彼女を偶然駅前で見かけた。

2 埼玉県だった**か**で、気温が41度まで上がったらしい。

公式1 → 不確かだが思い当たることを添えて、出来事の説明をします。
事実として断定して言いたいときは、「(だった) か」を省きます。

O 1週間前だった**か**、彼女を偶然駅前で見かけた。
(↑不確かで、はっきり断定できない)

O 1週間前、彼女を偶然駅前で見かけた。(←はっきり断定する)

機能2 疑問詞の後に付けて不確かであることを表す

1 彼女とは、どこ**か**で会ったような気がする。

2 この歌を聞くと、なぜ**か**涙が止まらなくなる。

公式2 → 疑問詞の後に付いて、はっきり断定しない、可能性の幅を含んだ表現になります。

O いつ**か**世界一周旅行をしたい。

O 何**か**おいしいものでも食べに行こう。

機能3 文の一部（従属節）として疑問詞から始まる文を使い、その文末に付けて不確かであることを表す。

1 いつ地震が起こる**か**分からない。

2 彼女がどうして会社を辞めた**か**教えてほしい。

公式3 → 文中に疑問詞から始まる文を使い、話し手が分からないことを表します。

- O りんごがいくつある**か**数えてみよう。
- O あの二人が何を話している**か**気になる。

機能4 原因や理由が不確かであることを表す

1 気のせい**か**、彼はいつもより元気がなかった。

2 佐藤さんと中村さんは顔が似ているため**か**、よく間違われる。

公式4 → 話し手の疑いの気持ちを表します。
原因や理由を言い切る場合は、「～せいで」「～ために」を使います。

- O 働きすぎた**せいか**、体調が良くない。
- O 働きすぎた**ためか**、体調が良くない。

（←疑いの気持ちがあり、言い切れない）

- O 働きすぎた**せいで**、病気になった。
- O 働きすぎた**ために**、病気になった。

（←疑いの気持ちがなく、言い切れる）

37

副助詞

さまざまな語に付いて、副詞のように意味を添える

～だけ

機能1 数量を限定する

1 3カ月間**だけ**、東京に住んでいました。

2 一度**だけ**でいいから、オーロラを見てみたい。

公式1 → 「だけ」は数量詞の後につけて、数量を限定します。
一方、同じように数量詞の後に付ける「ばかり」は、限定するのではなく、おおよその数を示します。

O この町に日本人は1人**だけ**います。
× この町に日本人は1人**ばかり**います。
O この町に日本人は10人**ばかり**います。（←おおよそ10人います）

公式2 → その数量より多くないことを表します。少ないことを表す場合と、ちょうどそれだけということを表す場合があります。

O そんなに多くは来ないから、5つ**だけ**ケーキを買った。（少ない数量）
O 5人来るから、5つ**だけ**ケーキを買った。（ちょうどそれだけの数量）

機能2 範囲を限定する

1 ピーマン**だけ**はどうしても食べられません。

2 弟**だけ**に新しい電話番号を教えた。

公式3 → 「他のものは加えないでそれだけだ」という限定を表します。肯定の形、否定の形、両方に使います。

O 田中さん**だけ**は彼女の話を信じた。
O 中村さん**だけ**は彼女の話を信じなかった。

公式4 → 「人＋だけの」という形で、「その人専用の」という意味になる場合があります。

O 自分**だけ**の部屋がほしい。（＝自分専用の部屋がほしい）
O お客様**だけ**のプランをご用意しました。（＝お客様専用のプランです）

公式5 → 格助詞「で」は、「だけ」の前後のどちらに付くかで意味が変わることがあります。

- O メールで**だけ**連絡ができる。（←それしかない、ほかではだめだ）
- O メール**だけ**で連絡ができる。（←それがあれば十分で、ほかは必要ない）

公式6 → 「Aだけでなく、Bも」という、範囲を追加する表現もあります。

- O 彼はスポーツ**だけ**でなく、勉強**も**優秀です。

機能3 程度を限定する

1 どうぞ、好きな**だけ**お取りください。

2 一日寝た**だけ**で風邪が治った。

公式7 → 最大限、最小限などの程度の強調を表します。指示詞「これ」「それ」「あれ」「どれ」にもつきます。「あれだけ〜のに」の形で、話し手の努力に応えない相手の行為や態度への不満を表すことができます。

- O もう少し**だけ**待ってください。（少ない程度）
- O 彼女は言う**だけ**で何もしません。（最小限）
- O お金はこれ**だけ**あれば、足りる。（十分な程度）
- O あれ**だけ**言ったのに、彼女はまだ分かっていない。（かなりの程度）

機能4 感情を込めて強く言い切る

1 今、望むのは勝利**だけ**。

2 自分の力を信じて頑張る**だけ**。

公式8 → 文末に「だけ」をつけて、話し手の強い感情を表すことができます。「ただ〜（する）だけだ」の形で、「ほかのことは考えず、そのことに集中する」という意味を表します。また、「それだけを残し、ほかのことはすべて終わった。予定していたことは、それが終われば完了する」という意味になることもあります。

- O 今、心配なのは、進路のこと**だけ**。（←そのことに集中する）
- O あとは、お湯を入れて、かき混ぜる**だけ**。（←それが終われば完了する）

38

副助詞
さまざまな語に付いて、副詞のように意味を添える

～しか

機能1 限られた範囲や程度を強調する

1 この町に日本人は私**しか**いません。

2 お酒は少し**しか**飲まない。

公式1 ➔「しか」は必ず否定の形「ない」と一緒に使われます。同類の他のものは排除し、「それ以外はない」という否定的な意味を表します。「～だけしかない」という表現で、さらに限定の意味を強調することができます。

O 冷蔵庫の中には、牛乳**しか**ない。
✕ 冷蔵庫の中には、牛乳**しか**ある。
O 冷蔵庫の中には、牛乳**だけ**しかない。

公式2 ➔「しか」を使った文は、「は」を使った文の意味と反対になります。一方、同じように限定を表す「だけ」の場合、このようなことはなく、「は」に置き換えた文に近い意味になります。

O 雑誌**しか**読まない。（⇔ 雑誌は読まない）
O 雑誌**だけ**読む。（＝雑誌は読む）

公式3 ➔「しか」を使うと、「それ以外はない」という否定的な意味が強いため、「不十分だ、残念だ」という、よくない評価になることが多いです。この場合、「だけ」を使うと、不自然になります。

O この店には日本語のメニュー**しか**ないので、困った。
✕ この店には日本語のメニュー**だけ**あるので、困った。

機能2 限られた数量を強調する

1 受験日まであと３日**しか**ありません。

2 中村さんには１回**しか**会ったことがない。

公式4 ➜「～しか～ない」は、予想した数量より少ないことを表します。話し手の期待に反して好ましい結果になる場合、いい評価になります。逆に、好ましくない結果になる場合はよくない評価になります。

O 客は２人**しか**来なかったが、忙しくなくてよかった。（←よい評価）

O 客は２人**しか**来なかったので、残念だった。（←よくない評価）

機能3 限られた方法を強調する

1 売り切れなので、あきらめる**しか**ない。

2 ここからは歩いていく**しか**ない。

公式5 ➜「～（する）しかない」の形で、「そうするしかほかに方法がない」という意味を表します。「不本意ながら仕方がない」という気持ちで、自分を奮い立たせるときにも使います。
また、話し言葉で「～（する）っきゃない」というくだけた表現もあります。

O あと少しで完成だ。ここまで来たら、もうやる**しかない**。

O あと少しで完成だ。ここまで来たら、もうやる**っきゃない**。

副助詞
さまざまな語に付いて、副詞のように意味を添える

～のみ

機能1 範囲の限定を強調する

1 結果は神**のみ**ぞ知る。

2 お支払いは現金**のみ**でお願いします。

公式1 ➔「だけ」と同じ意味ですが、「のみ」は文語的で、主に書物や詩などに使われてきました。そのため、「だけ」と比べると、「のみ」は硬いイメージになります。

O 花の命は短くて苦しきこと**のみ**多かりき。（短詩）

公式2 ➔ 話し言葉ではあまり使われないため、「だけ」と比べると使う範囲が限られます。

O 1回**だけ**ビリヤニを食べたことがある。
△ 1回**のみ**ビリヤニを食べたことがある。

公式3 ➔「のみ」は「だけ」のように、程度を限定することはできません。

O できる**だけ**早く行きます。
X できる**のみ**早く行きます。

公式4 ➔ お知らせや注意事項などが書かれた文書の中で、「限定」という意味でも使われます。現代では「だけ」が使われることも多くなっています。

O 注射を打った後は、入浴はせず、シャワー**のみ**にしてください。
（↑文語的）

O 注射を打った後は、入浴はしないで、シャワー**だけ**にしてください。
（↑口語的）

O カード会員様**のみ**の特別価格です。
O カード会員様**だけ**の特別価格です。
O カード会員様**限定**の特別価格です。

公式 5 → 格助詞「で」は、「のみ」の前後のどちらに付くかで意味が変わることがあります。

O オーブンで**のみ**、この料理が作れます。
（↑それしかない、ほかではだめだ）

O オーブン**のみ**でこの料理が作れます。
（↑それがあれば十分で、ほかは必要ない）

機能2 感情を込めて強く言い切る

1 本日**のみ**！　ポイント3倍！

2 漢字はひたすら書いて覚える**のみ**。

公式 6 → 文末に「のみ」をつけて、話し手の強い感情を表すことができます。動詞の後について、「ただ～（する）のみだ」という表現もあります。また、多くの人が集まる場所でのスピーチや新聞、ラジオ、テレビなどで意見や情報などを伝えるときにも使われます。

O 今はただ無事を祈る**のみ**です。

O 準備は十分してきました。あとは実行ある**のみ**です。

O 皆様のご期待に応えられるよう、全力を尽くす**のみ**です。

40

副助詞
さまざまな語に付いて、副詞のように意味を添える

～ばかり

機能1 大体の数量を示す

1 次の予定まで1時間**ばかり**あったので、食事をした。

2 夏休みは1週間**ばかり**休みをもらって、旅行をしようと思う。

公式1 → 時間や日付には使いません。

× 今日は7時**ばかり**に起きました。
O 今日は7時**くらい**に起きました。

× 15日**ばかり**から暖かくなります。
O 15日**くらい**から暖かくなります。

機能2 ある物事だけだということを示す

1 入社した当時は、分からないこと**ばかり**で、毎日大変だった。

2 あの学生は遊んで**ばかり**で、勉強をしない。

公式2 → 「ばかり」は「いつも～だ」「みんな（全部）～だ」という意味があります。それに対して、同じように限定を表す「だけ」の場合、「ほかのものは加えないで」という意味があります。

O 新しい会社の人はみんないい人**ばかり**だ。
× 新しい会社の人はみんないい人**だけ**だ。

公式3 → 「ばかり」は、「だけ」に比べると「他のものも同じようにあると思ったのに」という、期待はずれのマイナス評価になりやすいです。

O 観光客は日本人**ばかり**だった。（←日本人が多すぎるというマイナス評価）
O 観光客は日本人**だけ**だった。（←日本人だけという事実のみ）

O 母は弟**ばかり**を可愛がった。
(↑自分は可愛がられなかったというマイナス評価)

O 母は弟**だけ**を可愛がった。
(↑弟だけを可愛がったという事実のみ)

O 母は私**だけ**を愛してくれた。
(↑自分以外の他のものは加えないでというプラス評価)

公式4 → 回数にかかわらず、よくないことを繰り返すときに使います。

O 最近、彼女はイライラして、怒って**ばかり**いる。
× 最近、彼女はイライラして、怒って**だけ**いる。

機能3 動作が終わって間もない状態を表す

1 今、起きた**ばかり**で、まだ化粧もしていない。

2 このスニーカーは買った**ばかり**だ。

公式5 → 動作が終わった直後の状態を表す「(〜た)ところ」は、実際にかかった時間が短いことを表します。「(〜た)ばかり」は、実際にかかった時間は関係なく、話し手が短いと感じる時間を表します。また、「(〜た)ばかり」は名詞を修飾することができます。

O 試合は始まった**ばかり**なので、結果はまだ分からない。
(↑話し手が感じる短い時間)
O 試合は始まった**ところ**なので、結果はまだ分からない。
(↑実際にかかった数分の時間)

O 昨日、学校で習った**ばかり**の文法がテストに出た。
× 昨日、学校で習った**ところ**の文法がテストに出た。

41

副助詞
さまざまな語に付いて、副詞のように意味を添える

～さえ

機能1 極端な例を挙げて他を強調する

1 子どもは30分**さえ**じっと座っていることが難しい。

2 大阪に住んでいるのに、大阪城に**さえ**行ったことがない。

公式1 ➔「さえ」は、「普通では考えられない程度だ」という意外性や驚きを表すことができます。また、「極端な例がそうなのだから、ほかも当然そうだ」という類推を促します。「も」に置き換えることができ、肯定文、否定文、両方で使います。

O 今週は忙しかったので、洗濯**さえ**できなかった。
（↑最もできそうな洗濯ができないので、ほかのことは当然できない）

O 今週は暇だったので、押し入れの整理**さえ**できた。
（↑最もできなさそうな押し入れの整理ができたので、ほかのことは当然できた）

公式2 ➔ 例外として数量に付く場合は、否定文になります。肯定文にはなりません。

O 100円**さえ**持っていない。

X 100円**さえ**持っている。

公式3 ➔ 人や数量などを表す言葉に付く「さえ」は、「でさえ」に置き換えることができます。

O 100円**でさえ**持っていない。

O 今は小学生**さえ**スマホを持っている。

O 今は小学生**でさえ**スマホを持っている。

公式4 ➔ 動作・行動の極端な例を挙げることもできます。

O 彼は1時間も遅れたのに、謝ること**さえ**しない。

O 彼は1時間も遅れたのに、謝り**さえ**しない。

公式 5 → 疑問詞のある文に「さえ」が続く場合、動詞は「～か」の形になります。

> O 明日のデートはどこに行くか**さえ**決めていない。

機能2 ある傾向がさらに増す様子を表す

1 この問題は難しいので、子どもだけなく、大人**さえ**解けないだろう。

2 時間通りに田中さんが来た。中村さんも来た。いつも遅刻する山田さん**さえ**来た。

公式 6 → 程度の激しさを付け加える「さえ」を「まで」に置き換えても、ほぼ意味は変わりません。「さえ」は一つを付け加えるイメージ、「まで」は範囲の限界を広げるイメージです。

> O 時間通りに田中さんが来た。中村さんも来た。
> いつも遅刻する山田さん**さえ**来た。（←山田さんを付け加える）
>
> O 時間通りに田中さんが来た。中村さんも来た。
> いつも遅刻する山田さん**まで**来た。（←山田さんまで範囲を広げる）

42 副助詞 さまざまな語に付いて、副詞のように意味を添える ～すら

機能 極端な例を挙げて他を強調する

1 のどが痛くて、水**すら**飲むことができない。

2 親に**すら**入院していることを知らせなかった。

公式1 → 「さえ」と同じ意味で使われますが、「すら」は文語的で硬いイメージになります。
「さえ」と同様に「普通では考えられない程度だ」という意外性や驚きを表します。「も」もこれと同じ意味で使われることがあります。また、「極端な例がそうなのだから、他も当然そうだ」という類推を促します。

O 忙しくて、ご飯を食べる時間**すら**ない。
（↑生活の基本の時間もとれない極端な程度）

O 忙しくて、ご飯を食べる時間**も**ない。
（↑「すら」と同様、生活の基本の時間もとれない極端な程度）

公式2 → 人や数量などを表す言葉に付く「すら」は、「ですら」に置き換えることができます。

O １円の金**すら**ない。
O １円の金**ですら**ない。
O この問題の答えは大学の教授**すら**わからなかった。
O この問題の答えは大学の教授**ですら**わからなかった。

公式3 → 「すら」は期待に反して予想を下回る場合に使われやすく、否定文になりやすいです。

O 私は一度**すら**飛行機に乗ったことがない。
O プレゼントをあげても、彼女は「ありがとう」**すら**言わない。
O 自分**ですら**自分のしたことはよくなかったと思う。

➔「すら」は「だけ」と反対の意味になります。似たような表現の「まで」とは、ニュアンスが少し違います。「さえ」とは同じ意味、ニュアンスで使われます。

O 祖母は孫の名前**だけ**覚えていない。
（↑孫の名前以外のことは覚えている）

O 祖母は自分の名前**すら**覚えていない。
（↑他の自分のことは当然覚えていない）

O 以前は自分の名前は覚えていたのに、今は自分の名前**まで**覚えていない。
（↑覚えていることの範囲が狭くなった、忘れていることの範囲が広がった）

O 以前は自分の名前は覚えていたのに、今は自分の名前**すら**覚えていない。
（↑覚えていることが減った、忘れていることが増えた）

43

副助詞
さまざまな語に付いて、副詞のように意味を添える

～こそ

機能1 あるものを取り立てて、ほかのどれでもないことを強調する

1 彼女**こそ**リーダーになるべき人だ。

2 寝ること**こそ**一番のストレス解消法だ。

公式1 ➔「こそ」は、「ある物事がまさにそうであるということ」を強調します。プラスの意味として使われることが多く、「ほかのものではなく、～が」という意味を表します。

O 健康**こそ**、一番大切だ。

公式2 ➔「前の話に出た何かよりもこちらのほうが」という意味を表す場合もあります。
「こそ」は、それ以外の物事について積極的に否定しているわけではありません。それに対し、「だけ」は「ほかのものは加えないで、それだけだ」と、ほかのものを否定します。

O 君**こそ**間違っている。（←ほかの人は関係ない、君のことを言っている）
O 君**だけ**間違っている。（←君以外の人は正しい）

公式3 ➔「これ」「それ」「あれ」の指示詞の後に付いて、「どれ」の後には付きません。

O A：よろしくお願いします。
B：こちら**こそ**、どうぞよろしくお願いします。
O それ**こそ**、私が探していた本です。
X どれ**こそ**、一番好きですか。

公式4 → 未来を表す言葉に「こそ」を付けて強調し、これから実現したいことを表すこともあります。

O 今日**こそ**、宿題をしなくちゃ。
O 来年**こそ**、希望の大学に合格したい。

公式5 → 「～こそだ」という言い切りの形はありません。

X 私が好きなのは君**こそ**だ。
O 私が好きなのは君**だけ**だ。

公式6 → 同類の物事との関係を表すのではなく、慣用表現としてその物事を強調する場合もあります。

O **ようこそ**。大阪 YWCA 専門学校へ。

機能2 ほかのどれでもない、ただ一つの理由を強調する

1 人間は一人一人が違うから**こそ**、面白い。
2 あなたのことを思えば**こそ**、厳しいことを言うのです。

公式7 → 理由を強調する場合は、理由を表す「から」または仮定を表す「ば」の後に「こそ」をつけ、「からこそ」「ばこそ」の形で表します。二つはほとんど同じように使えますが、「ばこそ」はすでに起こったことには使えず、後の文は必ず現在肯定形になります。
「ばこそ、～」は客観的判断として「あえて～する」という意味で使われやすいのに対し、「からこそ、～」は話者の主観的な意見として使われやすいです。

O あなたのことを思うから**こそ**、厳しいことを言う。
O あなたのことを思っていたから**こそ**、厳しいことを言った。
X あなたのことを思えば**こそ**、厳しいことを言った。

44

副助詞
さまざまな語に付いて、副詞のように意味を添える

〜でも

機能1 場所や手段などについて他の選択の可能性を表す

1 コンビニ**でも**申し込みができる。

2 歌舞伎は、京都**でも**見ることができる。

3 返事は明日**でも**かまいません。

4 空いていれば、どこ**でも**いいです。

公式1 ➔ 場所や手段について、他の選択でも同様のことができると言いたいときに使います。「〜ででも」と言うこともあります。

O うどんなら、あの店**でも**（ででも）食べられます。

O 英語の勉強はどこ**でも**（ででも）できる。

O この番組は、インターネット**でも**（ででも）見られます。

O 東京へは、新幹線**でも**（ででも）飛行機**でも**（ででも）行ける。

機能2 極端な例を挙げて他を強調する

1 このパソコンは初心者**でも**簡単に使えます。

2 私の国では冬**でも**半袖です。

公式2 ➔「でも」は、「普通では考えられない程度だ」という意外性や驚きを表すことができます。また、「極端な例がそうなのだから、ほかも当然そうだ」という類推を促します。
「でさえ」も、これと同じ意味で使われることがあります。肯定文と否定文、両方で使います。

O 眼鏡をかけなかったら、1メートル先**でも**よく見えない。
（↑1メートルより遠い距離は当然見えない）

O 眼鏡をかけたら、5メートル先**でも**よく見えた。
（↑5メートルより近い距離は当然見える）

公式3 → くだけた言い方の「だって」に置き換えることができます。

O 大人**でも**知らないことはたくさんある。

O 大人**だって**知らないことはたくさんある。

機能3 一例を挙げて軽い提案を示す

1 明日、映画**でも**見に行かない？

2 ちょっと気分転換に音楽**でも**聞こう。

公式4 → 「～か何か」という意味で、一例を挙げて、相手の意向を尋ねるような場合は、「など」に置き換えられます。

O 冷たいお茶**でも**いかがですか。

O 冷たいお茶**など**いかがですか。

公式5 → 他の選択肢や可能性の存在を積極的に表す場合は、「など」に置き換えると不自然になります。

O 今日は、中村さんが来てないね。風邪**でも**ひいたのかな。
（↑可能性として考えられる一例）

X 今日は、中村さんが来てないね。風邪**など**ひいたのかな。
（↑一例というより、婉曲的な言い回し）

公式6 → 「でも」は、一例以外に他の可能性も同時に示すため、断定的な表現では使われにくいです。

O そんな薄着で寒くない？　風邪**でも**ひいたら、大変だよ。

X 風邪**でも**ひいた。

機能4 全面的な肯定を表す

1 分からないことがあれば、いつ**でも**聞いてください。

2 A：明日の待ち合わせ、何時にする？
B：私は何時**でも**いいよ。

公式7 → 「でも」は疑問詞の後について、無条件ですべてに当てはまるという意味を表します。
それとは逆に、全部当てはまらないという全面否定をする場合は、疑問詞の後に「も」がつきます。

O みんなで力を合わせれば、何**でも**できる。
O 一人では何**も**できない。

機能5 仮定条件を強調する

1 どんなに忙しい人**でも**、この体操は1日5分から始められます。

2 たとえピンチの場面**でも**、彼は無失点に抑えた。

公式8 → 「特別だと思われていることが特別ではなく、他と同じだ」という意味を表します。慣用的な言い方で使われることもあります。

O いくら冗談**でも**言ってはいけないことがある。
（←慣用的な言い方：冗談にもほどがある）

45

副助詞
さまざまな語に付いて、副詞のように意味を添える

～まで

機能1 場所や時間の範囲を示す

1 大阪から東京**まで**の移動は、新幹線が便利です。

2 就業時間は9時から17時**まで**です。

公式1 ➔「まで」は範囲の限界を表します。「から～まで」の形で使われること多いです。

O 北海道**から**沖縄**まで**、どこでもご指定の場所まで輸送いたします。
（↑範囲は日本全国）

公式2 ➔「まで」はずっと続いていること、「までに」は期限までの1回きりのことを表します。

O 今から13時**まで**休みましょう。（←今から13時まで休みが続く）

O 13時**までに**レポートを出してください。
（↑13時を期限としてレポートを出す）

機能2 程度の範囲を示す

1 倒れる**まで**、働く必要はない。

2 先生は、私が分かる**まで**何度も教えてくれた。

公式3 ➔ 指示詞「そこ」の後に「まで」がつくと、「程度が著しいことを表す場合」と「思ったより程度が低かったことを表す場合」があります。

O そこ**まで**したら大変だよ。そこまでしなくていいよ。（←かなりの程度）

O テストはそこ**まで**難しくなかった。（←思ったより低い程度）

公式4 ➔ 慣用句的に使う表現もあります。

O 参考**まで**に、あなたの意見を聞きたいです。（←参考程度に）

機能3 極端な例を挙げて他を強調する

1 安かったので、要らないもの**まで**買ってしまった。

2 好きな人が夢に**まで**出てきた。

公式5 → 「まで」は意外性に加え、「同類の他のものまでがそうだ」という付け加えの意味を表します。同じように意外性を表す「さえ」が「期待に反して予想を下回った場合」に使われやすいのに対し、「まで」は「期待した以上に予想を上回った場合」に使われやすいです。

× 財布の中には、１円**まで**残っていません。

O 財布の中には、１円**さえ**残っていません。

公式6 → 「まで」の前で、助詞の「で」は使いにくいです。

× ビニールテープは手で**まで**簡単に切れる。

O このビニールテープは手で**さえ**簡単に切れる。

公式7 → 「まで」は範囲を広げる表現としても使います。

O 母が来た。父も来た。姉**まで**来た。

機能4 文末ついて限定する

1 取り急ぎ、ご報告**まで**。

2 まずは、確認**まで**。

公式8 → 文末で使う「まで」は、手紙文やメール文の終わりに「とりあえず、それのみ」という意味で使われます。

O まずは、お礼**まで**（申し上げます）。

46

副助詞
さまざまな語に付いて、副詞のように意味を添える

～だって

機能1 例外はないことを表す

1 ベテラン**だって**ミスをすることはある。

2 日本には、日本人**だって**知らない名所がたくさんある。

公式1 ➔ 「だって」は「でも」のくだけた言い方です。「普通では考えられない、予想外だ」という意外性を表すことができます。「でも」より語調が強くなり、感情的な印象になります。意外性を表すほかに、譲歩を表すこともあります。

○ 雨**だって**、必ず行くからね。（←譲歩）

公式2 ➔ 一人称、二人称の後につくと、聞き手に同調を強く求める表現になります。

○ 私**だって**、それぐらいは一人でできる。
○ あなた**だって**、そう思うでしょう？

機能2 事柄を並列して同類であることを表す

1 靴**だって**かばん**だって**、父に買ってもらった。

2 佐藤さんは、英語**だって**フランス語**だって**、ペラペラだ。

公式3 ➔ 文中で「だって」を使って並列したものが、すべて同類であることを強調します。
どちらの場合も「だって」は「も」に置き換えることができます。

○ ミミズ**だって**オケラだってアメンボ**だって**、みんな みんな 生きているんだ（←同類の並列）
（やなせたかし「手のひらを太陽に」より）
○ ミミズ**も**オケラ**も**アメンボ**も**、みんな生きている。

全面肯定または全面否定を表す

1 努力をすれば、何に**だって**なれる。

2 お金と時間があれば、どこに**だって**行ける。

公式4 → **疑問詞に「だって」がつくと、肯定文の場合は「全部〜だ」という全面肯定、否定文の場合は「全部〜ない」という全面否定になります。肯定文の場合は「も」、否定文の場合は「でも」に置き換えができます。**

O いつ**だって**私はあなたの味方だ。（全面肯定）

O 誰**だって**嫌な思いはしたくない。（全面否定）

機能4 数量を強調する

1 彼女は一度**だって**祖父の見舞いに来なかった。

2 500円**だって**、もらえたらうれしい。

公式5 → **数量詞が最小値を表す「1」の場合、あとに否定の形が来ると「全然〜ない」という全面否定になります。この場合、「だって」を「も」に置き換えることができます。数量詞が「1」であっても、それが最小値を表していない場合は、肯定の形が来ることもあります。この場合は、「〜だって」を「（たとえ）〜でも」に置き換えることができます。**

O 一日**だって**忘れたことはない。（←全然忘れたことがない）

O 1万円**だって**、もらえたらうれしい。（←1万円は最小値ではない）

47

副助詞
さまざまな語に付いて、副詞のように意味を添える

～ほど

機能1 おおよその分量や程度を示す

1 パーティーの参加者は50名**ほど**だった。

2 ここから100メートル**ほど**歩いたら、展望台があります。

公式1 ➔ 数量詞と一緒に使う「ほど」は大体の数量を表し、「ほぼ～」という意味です。「くらい（ぐらい）」に置き換えることができますが、「ほど」のほうが文語的で硬いイメージです。

○ パーティーの参加者は50名**ぐらい**になった。

機能2 程度の基準を示す

1 君**ほど**の実力があれば、プロになれる。

2 眠れない**ほど**頭が痛い。

公式2 ➔ 「AほどB」の形は、「AとBが同じ程度」ということを想定した表現です。「A（動詞）ほどB」は「BだからA（動詞）」ということでもあります。たとえとして表現することが多く、実際に「BだからA」になるとは限りません。
この「A（動詞）ほどB」の形は「Aくらい（ぐらい）B」に置き換えることができます。

○ 値段を見たら、びっくりする**ほど**高かった。
（↑程度のたとえ：高いからびっくりする）

○ 値段を見たら、びっくりする**くらい**高かった。

公式3 ➔ 同じように程度を表す「くらい」と比べると、「ほど」のほうが、程度が高いときに使われやすいです。

○ この店のラーメンは、死ぬ**ほど**おいしい。

✕ この店のラーメンは、死ぬ**くらい**おいしい。

○ 毎日、宿題が山**ほど**ある。

✕ 毎日、宿題が山**くらい**ある。

機能3 程度の比較を表す

1 本番は練習の時**ほど**うまくいかなかった。

2 姉は妹**ほど**歌が上手ではない。

公式4 → 「AはBほど～（ない）」は否定の形で、基本的に肯定の形は来ませんが、「BよりAのほうが～」の場合は、肯定の形でも否定の形でも使えます。

O 今日は昨日**ほど**暑くない。
O 昨日**より**今日**のほうが**暑くない。
✕ 今日は昨日**ほど**暑い。
O 昨日**より**今日**のほうが**暑い。

公式5 → 「AほどBはない」の形で、「Aはいちばん～」という意味を表します。

O 彼女**ほど**歌がうまい人**は**い**ない**。
（↑彼女が一番歌がうまい、これ以上うまい人はいない）

O 孫が生まれた。これ**ほど**うれしいこと**はない**。
（↑これが一番うれしい、これ以上うれしいことはない）

機能4 比例して変化することを表す

1 この本は読めば読む**ほど**おもしろい。

2 仕事は、困難であれば困難である**ほど**やりがいがある。

公式6 → 「であれば～であるほど」は「であればあるほど」、「～すれば～するほど」は「すればするほど」という省略形で表すこともできます。

O 仕事は困難であればある**ほど**やりがいがある。
O ゴルフは練習すれば練習する**ほど**上手になる。
O ゴルフは練習すればする**ほど**上手になる。

48

副助詞

さまざまな語に付いて、副詞のように意味を添える

～くらい（ぐらい）

機能1 おおよその分量や程度を示す

1 車で行けば、30分**ぐらい**で行ける。

2 1人1泊1万円**くらい**で泊まれるホテルを探しています。

公式1 → 数量詞と一緒に使う「くらい（ぐらい）」は大体の数量を表し、「ほぼ～」という意味です。この「くらい」は、「ほど」に置き換えることができます。

O 駅まで歩いて5分**くらい**です。

O 駅まで歩いて5分**ほど**です。

公式2 → 「最低限」を表す場合もあります。

O 1週間**ぐらい**休まないと、疲れは取れない。

機能2 程度の基準を示す

1 これ**ぐらい**の大きさのかばんがほしい。

2 試合に負けたときは、つらくて泣きたい**くらい**だった。

公式3 → 同じように程度を表す「ほど」よりも、「くらい」のほうが程度が低いときに使われやすいです。

O がまんできない**ぐらい**歯が痛い。

O がまんできない**ほど**歯が痛い。

× 死ぬ**くらい**歯が痛い。

O 歯が死ぬ**ほど**痛い。

公式4 → 「くらい」は、指示詞「これ」「それ」「あれ」「どれ」の後につくと、同じくらいの大きさや数量であることを表します。「ほど」がこれら指示詞の後につくと、最上級であることを表します。

O これ**ぐらい**の大きさが、ちょうどいい。（←これと同じくらいの大きさ）

✕ これ**ほど**の大きさが、ちょうどいい。

O これ**ぐらい**の大きさがあれば、十分だ。

O これ**ほど**の大きさがあれば、十分だ。（←かなりの大きさ）

公式5 ➔「くらい」は名詞を修飾する連体詞「この」「その」「あの」「どの」の後ろにもつきます。

O 大阪から京都までどの**くらい**かかりますか。

✕ 大阪から京都までどの**ほど**かかりますか。

公式6 ➔「～くらいだ」という言い切りの形は、「ほど」に置き換えられます。

O この町の景色はとてもきれいで、あなたに見せたい**くらい**だ。

O この町の景色はとてもきれいで、あなたに見せたい**ほど**だ。

機能3 程度の比較を表す

1 彼**くらい**親切な人はいない。

2 日本で富士山**くらい**有名な山はないでしょう。

公式7 ➔「AくらいBはない」の形で、「Aはいちばん～」という意味を表します。これは「ほど」に置き換えることができますが、「くらい」のほうがカジュアルな場面で使われます。

O 彼女**くらい**美しい人**は**い**ない**。（←彼女が一番、これ以上はない）

公式8 ➔「AはBくらい～ない」の形だと、「AとBの程度は同じだ」という意味になります。「ほど」のように、「BよりAのほうが～（ない）」という意味はありません。

O 今日は昨日と同じ**くらい**暑くない。

O 今日は昨日**ほど**暑くない。（＝昨日より今日のほうが暑くない）

機能4 程度が弱いもしくは低い例を示す

1 私だって日本語で挨拶**くらい**はできる。

2 お客さんが来たら、お茶**ぐらい**出す。

公式9 → 相手に向かって発する場合、程度が弱いもしくは軽い例を示すのと同時に、相手への非難を表します。それぐらいのことは当然だという意味が含まれます。

O 少し**くらい**手伝いなさい。(←たくさんとは言わない、少しでもいい)

O 忙しいかもしれないけど、メール**ぐらい**してください。
(↑最低限メールはしてほしい)

9

副助詞
さまざまな語に付いて、
副詞のように意味を添える

～なら

機能1 仮定条件を示す

1 明日雨**なら**、お花見は中止です。

2 私が社長**なら**、もっと社員を大切にする。

公式1 → 「AならB」の形で、「A以外の場合はそうではない、わからない」ことを暗示させて、「Aの場合はB」という意味を表します。

O 明日雨**なら**、お花見は中止です。(←雨以外は中止にしない)

公式2 → 副助詞「なら」は名詞の後につきます。
また、動詞の後に「の」をつけて、「動詞を名詞化したもの」につくこともあります。この「のなら」の形は、ある事柄がすでに決まり前提になっているときに使います。それに対し、接続助詞「なら」は、もし仮にそうする場合はという意味で、前提にはなっていません。

O コンビニに行くの**なら**、ついでに牛乳を買ってきてくれない？
(↑相手がコンビニに行こうとしている状況が確認できる＝前提になっている)

O コンビニに行く**なら**、ついでに牛乳を買ってきてくれない？
(↑相手がコンビニに行くかどうかわからない＝前提になっていない)

公式3 → 「なら」は、当然起こる条件(一般条件)には使えません。

× 12時になるの**なら**、ご飯を食べましょう。

× 12時になる**なら**、ご飯を食べましょう。

公式4 → 「なら」には仮定の意味が含まれるのに対し、「は」にはその意味はないため、置き換えた場合、意味が少し異なります。

O 京都**なら**、大阪から近い。(←もし京都であれば、という説明)

O 京都**は**、大阪から近い。(←京都についての説明)

機能2 他の話題と区別して強調する

1 A：あれ、山田さんは？
B：山田さん**なら**、さっき出かけたよ。

2 A：日本語は話せますか。
B：あまり話せませんが、少し**なら**話せます。

公式5 →「なら」は、相手の話を受けての話し手の判断や命令、希望、意志を表します。相手に提案するときや依頼をするときにも使われます。

O A：今日の夜、空いてる？
B：今日はちょっと……。明日の夜**なら**、空いてるよ。

O A：今度、大阪に行くんですが、何を食べたらいいですか。
B：大阪**なら**、やっぱりたこ焼きかな。（←提案する）

O A：明日、出張で大阪に行ってくる。
B：大阪に行くの**なら**、お土産に豚まん買ってきて。（←依頼する）

副助詞
さまざまな語に付いて、副詞のように意味を添える

～など

機能1 同じような事柄を挙げて示す

1 チューリップは赤、白、黄色**など**のいろいろな色があります。

2 パーティーは、歌を歌ったり、踊ったり**など**して、盛り上がった。

公式1 ➔「など」を使った並列の表現では、「と」や「か」のように、全部の要素を並べることができますが、「や」のように、一部分だけを並べることもできます。

O 公園には、噴水、花壇、ベンチ、池**など**があります。
（↑全部の要素を並べる）

O 公園には噴水や花壇**など**があります。
（↑ほかにもあるが、一部分の要素を並べる）

公式2 ➔「など」は並べられる事物の最後に一度だけ使います。

✕ チューリップは赤**など**、白**など**、黄色などのいろいろな色があります。

✕ パーティーは、歌を歌ったり**など**、踊ったり**など**して、盛り上がった。

公式3 ➔「など」には、一つの例だけ取り上げる表現もあります。その例は代表的なものとして示されますが、言い切りや限定を避け、ほかにもあるように幅を持たせることで、表現全体を和らげる働きがあります。

O お客様、ご昼食にサンドイッチ**など**いかがでしょうか。
（↑サンドイッチのほかにどんな食べ物があるのかないのか、分からない）

機能2 謙遜を示す

1 私に**など**、できる仕事ではありません。

2 私の息子**など**には社長の仕事はできない。

公式4 ➔「など」は、その事柄を軽く見たり、低く評価する意味で使われることが多いです。話し手にかかわりのあることであれば、謙遜の意味になります。文末は否定の形になることが多いです。

✕ 私に**など**、できる仕事です。

機能3 具体的な例を挙げて程度を強調する

1 急がないと。冗談**など**言っているひまはない。

2 お酒を飲んで運転する**など**考えられません。

公式5 ➔「など」は、ある物事に対して「（その存在・成立やそれを選ぶことは）考えられない」と強く否定したり拒絶したりする気持ちを表します。文末は否定の形になりやすいです。

O この学校にいじめ**など**あるはずがない。

✕ この学校にいじめ**など**あるはずだ。

O 人の悪口**など**言うものではない。

公式6 ➔ 物事を特に強調するだけの働きもあります。この場合も、強調される事柄は否定的なものです。

O お前の顔**など**見たくない！

副助詞 さまざまな語に付いて、副詞のように意味を添える ～なんか

機能1 軽い調子で例を取り上げて示す

1 コンビニで、お酒とかつまみ**なんか**を買って帰ろう。

2 A：佐藤さんの退職祝い、何がいいかな？
B：お花と旅行券**なんか**どう？

公式1 → 何かの提案や評価、説明などをするときに、「など」のくだけた表現として使われます。
「など」と同じように、全部の要素を並べることも、一部分だけを並べることもできます。

O 母から届いた荷物の中には、缶詰、お菓子、野菜、果物**なんか**が入っていた。（←全部の要素を並べる）

O 母から届いた荷物の中には、野菜や果物**なんか**が入っていた。
（↑ほかにもあるが、一部分の要素を並べる）

公式2 → 「なんか」には、一つの例だけ取り上げる表現もあります。その例は代表的なものとして示されますが、言い切りや限定を避け、ほかにもあるように幅を持たせることで、文全体の意味を和らげる働きがあります。

O こちらのスカート**なんか**、今着ていらっしゃるシャツにもよく合いますよ。

機能2 謙遜を表す

1 彼は私**なんか**にはもったいないぐらい素敵な人だ。

2 私**なんか**でも、頑張れば試験に合格できるでしょうか。

公式3 → 「なんか」は「など」と同様に、その事柄を軽く見たり、低く評価する意味で使われることが多いです。その事柄が話し手にかかわりがあれば、謙遜の意味になります。
「なんか」はくだけた表現のため、「など」に比べて、口語的で感情

的にもなります。そのため、その事柄が話し手にかかわりのある場合は、謙遜というより、卑屈っぽく聞こえることがあります。また、それ以上にひどいと主張する場合は、自慢しているように聞こえることがあります。

O やってみたいけど、私**なんか**にできるはずがない。
（↑自らを卑下する気持ち）

O A：昨日、３時間しか寝られなかった。
B：え～。私**なんか**１時間しか寝てないよ。
（↑マイナスのことだが、他を上回ることを自慢しているようにも聞こえる）

機能3 具体的な例を挙げて程度を強調する

1 守れない約束**なんか**しなければいいのに。

2 私は病気**なんか**に負けない。

公式4 → 「なんか」は「など」と同じように、ある物事に対して「(その存在・成立やそれを選ぶことは) 考えられない」と強く否定したり拒絶したりする気持ちを表します。「なんか」は名詞の後につきますが、動詞の後にはつきません。

O お酒を飲んで運転する**など**考えられません。

X お酒を飲んで運転する**なんか**考えられません。

O お酒を飲んで運転すること**なんか**考えられません。

公式5 → 物事を特に強調するだけの働きもあります。この場合も強調される事柄は否定的なものです。「など」より語気が強まります。

O あんた**なんか**大嫌い！

O 言い訳**なんか**聞きたくない。

公式6 → 極端な例を挙げて、ある事柄を強調します。

O 昨日**なんか** 35 度だからね。ほんと、毎日暑いよ。

O 彼**なんか**、ボーナス 100 万円だって。うらやましいよね。

副助詞
さまざまな語に付いて、副詞のように意味を添える

～なんて

機能1 軽く例を挙げて提案する

1 忘年会は、イタリア料理かフレンチ料理**なんて**どうかな？

2 たまには温泉でゆっくりするの**なんて**どうだろう。

公式1 ➔「なんて」をつけて軽い扱いにし、幅を持たせることで、提案などの表現を軽く和らげる。
「なんて」は「は」に置き換えることができますが、このように文全体の調子を和らげる。

O 結婚記念日は、フランス料理**なんて**どうかな？
（↑一案としてフランス料理を軽く提案）

O 結婚記念日は、フランス料理**は**どうかな？（←フランス料理を提案）

公式2 ➔「なんて」の後に助詞が付くことは基本的にありません。

O コンビニで、お酒とかつまみ**なんか**を買って帰ろう。

X コンビニで、お酒とかつまみ**なんて**を買って帰ろう。

機能2 謙遜を示す

1 この問題は難しくて、私に**なんて**できない。

2 A：日本語、上手になりましたね。
B：いいえ、私**なんて**まだまだです。

公式3 ➔「なんか」と同様に、くだけた表現になります。その事柄が話し手にかかわる場合は、謙遜というより、卑屈っぽく聞こえることがあります。また、その事柄が話し手にかかわることでも、他者と比較する場合は、「私のほうがもっとだ」と自慢しているように聞こえることがあります。

O どんなに頑張っても、私に**なんて**できない。（←自身を卑下する気持ち）

O 私**なんて** 10 人に告白されたよ。
（↑自分はそれ以上だと自慢しているように聞こえる）

機能３ 具体的な例を挙げて程度を強調する

1 宝くじが当たる**なんて**夢みたい。

2 １万円以上のＴシャツ**なんて**絶対買わない。

公式4 → ある物事に対して「（その存在・成立やそれを選ぶことは）考えられない」と強く否定したり拒絶したりする気持ちを表します。「なんて」は名詞だけでなく、動詞や形容詞にもつくことができます。

O この歌を知らない**なんて**、信じられない。
✕ この歌を知らない**なんか**、信じられない。

公式5 → 「なんて」は、その後に続く「驚きや不満、意外に思う気持ちなど表す言葉」を省略することができます。この省略は、「など」や「なんか」ではできません。

O 大事な日に遅刻する**なんて**、考えられない。
O 大事な日に遅刻する**なんて**。
✕ 大事な日に遅刻する**など**。
✕ 大事な日に遅刻する**なんか**。

公式6 → 物事を特に強調するだけの働きもあります。この場合も、強調される事柄は否定的なものです。「など」より語気が強まります。

O あんなやつ**なんて**、いなくなればいい！

公式7 → 「なんて」は、後につく名詞を否定的な意味で強調することもできます。この「〜なんて」は、「〜などという」に置き換えることができます。

O お化けがいる**なんて**話はウソだ。
（↑「お化けがいるなどというウソみたいな話」という意味で「おばけ」を強調）
✕ おばけがいる**など**話はウソだ。
✕ おばけがいる**なんか**話はウソだ。

授業用例文集

は	❶ 東京**は**日本の首都です。 ❷ 合格発表**は**いつですか。 ❸ 数学**は**苦手だ。 ❹ 広島**は**カキが有名です。カキ**は**おいしいですね。 ❺ このマンション**は**家賃が安い。 ❻ 鶏肉**は**食べますが、豚肉**は**食べません。 ❼ 昨日まで**は**、彼**は**元気だった。 ❽ 商品が届くまで、２日**は**かかる。 ❾ この本、読み**は**したが、難しくてよく分からなかった。 ❿ 彼女は書いて**は**消し、書いて**は**消して、ラブレターを書いている。 ⓫ 雨が降っているので、遠足**は**中止です。
も	❶ 私は１年前、中国に留学していた。彼女**も**中国に留学したことがあるそうだ。 ❷ この試合は、テレビで**も**ネットで**も**見られます。 ❸ 色は黒だけでなく、青いの**も**ありますよ。 ❹ バーゲンで 10 万円**も**使ってしまった。 ❺ 彼はどんなとき**も**冷静だ。 ❻ 忙しくて、日曜日**も**休めない。
か	❶ 木村さんが出席する**か**、私は知りません。 ❷ 何**か**質問はありますか。 ❸ 今度いつ会える**か**わからないから、今日はちゃんと話しましょう。 ❹ 飲みすぎたせい**か**、気持ちが悪い。
だけ	❶ 父と母は二人**だけ**で出かけた。 ❷ 今日は午前中**だけ**用事がある。 ❸ 山田さんは勉強**だけ**でなく、スポーツもできる。 ❹ 待っていますので、できる**だけ**早く来てください。 ❺ 準備は終わった。あとは寝る**だけ**だ。
しか	❶ 夏用のスーツは、これ**しか**持っていません。 ❷ 手作りの机だから、世界で一つ**しか**ありません。 ❸ 壊れたから新しいのを買う**しか**ない。
のみ	❶ お支払い方法は現金**のみ**です。 ❷ お店が開いているのは平日**のみ**です。 ❸ やっと試験が終わった。あとは結果を待つ**のみ**。
ばかり	❶ 急いで用意しますので、30 分**ばかり**お待ちください。 ❷ 昼食はカレー**ばかり**食べている。 ❸ テレビを見て**ばかり**いると、目が悪くなるよ。 （＝テレビ**ばかり**見ていると、目が悪くなるよ。 ※より慣用的） ❹ まだ日本に来た**ばかり**で、日本語はあまり話せません。
さえ	❶ 彼の部屋には冷蔵庫**さえ**ない。 ❷ 彼女の欠点で**さえ**よく見える。 ❸ この道は狭いから、バスだけでなく、普通の車で**さえ**通れない。

すら	❶ 英語は苦手で、簡単な会話**すら**できない。 ❷ その会社のことは、名前**すら**知らなかった。
こそ	❶ 苦しい時**こそ**、みんなで協力しましょう。 ❷ 次**こそ**、絶対に勝ちたい。 ❸ 日本へ来たから**こそ**、日本のいいところが分かった。 ❹ あなたがいれば**こそ**、幸せだ。
でも	❶ 先生**でも**間違えることはあります。 ❷ このお金で、本**でも**買おうかな。 ❸ どなた**でも**いいので、ちょっと手伝ってもらえますか。 ❹ たとえ夜中**でも**、何かあったらすぐ連絡してください。
まで	❶ 皆さん、テストの範囲は、テキストの 21 ページから 38 ページ**まで**です。 ❷ 山田さんは自分のチケットだけでなく、みんなの分**まで**買ってくれた。 ❸ この映画は子どもからお年寄り**まで**楽しめます。 ❹ 信号が青になる**まで**待ちましょう。 ❺ 中村さんは、英語だけでなく、フランス語**まで**話せる。
だって	❶ いつも元気な私**だって**泣きたいときはある。 ❷ １万円あれば、おすし**だって**、ステーキ**だって**食べられる。 ❸ 君に会えるならどこへ**だって**行くよ。 ❹ 税金は１円**だって**無駄に使わないでほしい。
ほど	❶ ３年**ほど**前から釣りにハマっています。 ❷ 数えきれない**ほど**の星が夜空に広がっている。 ❸ 今回の試験は前回**ほど**難しくなかった。 ❹ 見れば見る**ほど**不思議な絵だ。
くらい （**ぐらい**）	❶ 会議は１時間**くらい**で終わるだろう。 ❷ 彼**ぐらい**背が高ければよかった。 ❸ この料理は、小学生でもできる**くらい**簡単です。 ❹ 遅れるなら、連絡**ぐらい**してよ。
なら	❶ A：困ったとき、あなた**なら**どうしますか。 B：私**なら**、友達に相談します。 ❷ 北海道に行くの**なら**、6月がいいですよ。北海道は梅雨がありませんから。
など	❶ バナナ、パイナップル、キウイフルーツ**など**の果物を輸入しています。 ❷ 私**など**、サッカーとラグビーの違いもよく分かっていません。 ❸ うそばかりの彼の話**など**、誰も信じないだろう。
なんか	❶ お腹がすいたね。ラーメンか**なんか**を作ろうか。 ❷ 家族旅行**なんか**、５年ぶりだ。
なんて	❶ 週末、みんなでキャンプ**なんて**どう？ ❷ 授業中にスマホでゲームをする**なんて**（最低だ）。 ❸ 山田さん**なんて**人は知らない。

グループ5

終助詞

～文末に付いて、話し手の気持ちや態度を表す

53

終助詞
文末に付いて、話し手の気持ちや態度を表す

～か

機能1 質問を表す

1 これはあなたのです**か**。↗

2 今、何時です**か**。↗

3 紅茶は好きです**か**。↗

接続 丁寧体＋か

公式1 ➔ 話し手が知らない情報を聞き手に尋ねます。

- おいしいです**か**。↗
- 映画はどうでした**か**。↗

公式2 ➔ 普通体に「か」をつけた疑問文は主に男性が使います。

接続 名詞-~~だ~~か　な形-~~だ~~か

- これは牛肉**か**。
- 紅茶は好き**か**。
- 一緒に行く**か**。

機能2 勧誘を表す

1 今晩、お寿司を食べに行きません**か**。↗

2 そろそろ帰りません**か**。↗

公式3 ➔「～ませんか」は、聞き手の意向を尊重した勧誘の表現です。上昇イントネーションをとります。「～ないか↗」（ない形＋か）は主に男性が使います。

- 今晩、お寿司を食べに行かない**か**。↗
- そろそろ帰らない**か**。↗

機能3 申し出や提案を表す

1 A：お荷物お持ちしましょう**か**。↘（申し出）
B：すみません、お願いします。

2 A：暗くならないうちに帰ろう**か**。↘（提案）
B：そうね。

3 A：週末は、海に行こう**か**。↘（勧誘）
B：うん、行こう。

公式4 → **「～ようか」「～ましょうか」は、話し手による自身の行為の申し出や、話し手と聞き手がともにする行動の提案などを、聞き手が受け入れるかどうか尋ねます。下降イントネーションをとります。**

機能4 依頼を表す

1 手伝ってもらえます**か**。↗

2 寒いので、冷房を消してくださいません**か**。↗

3 来週のパーティーでスピーチをしていただけません**か**。↗

公式5 → **「～てくれますか／～てもらえますか」は依頼の表現です。普通の疑問文（～ますか）より否定疑問文（～ませんか）、また、敬語を使った場合のほうが丁寧度が増します。**

- ○ 一緒に来てもらえます**か**。↗
- ○ ゆっくり話してもらえません**か**。↗
- ○ これをコピーしてくれます**か**。↗
- ○ 何か飲み物を買ってきてくれません**か**。↗
- ○ 少し待っていただけます**か**。↗
- ○ 詳しく説明していただけません**か**。↗
- ○ ここにお名前を書いてくださいます**か**。↗
- ○ 協力してくださいません**か**。↗

機能5 反語の意味を表す

1 そんなことができる**か**。↘〈いや、できない〉

2 あんな店、二度と行く**か**。↘〈いや、行かない〉

3 この事態をだれが予想できただろう**か**。↘〈いや、だれも予想できなかっただろう〉

公式6 ➔ **話し手の主張を強い感情を伴って表します。独り言や心内発話の場合が多いです。また、「辞書形＋ものか」の表現もこれとほぼ同じ意味、心情で使われます。下降イントネーションをとります。**

○ そんなことできるもの**か**。↘
○ あんな店、二度と行くもの**か**。↘

機能6 感動、発見、驚き、納得を表す

1 ついに完成した**か**。↘（感動）

2 えっ、電車も地下鉄も止まっているんです**か**。↘（発見 / 驚き）

3 ブルータス、お前も**か**。↘（驚き）

4 なるほど、そういうことです**か**。↘ わかりました。（納得）

接続 普通形＋か 名詞 / な形 - ~~だ~~か 丁寧体＋か

公式7 ➔ **会話の相手や状況から新しい情報を得て、それを心の内で確認します。感動、発見、驚き、納得など話し手の感情が伴います。下降イントネーションをとります。**

○ これが富士山**か**。↘
○ そんなに難しいの**か**。↘

機能7 再確認を表す

1 あと 10 分**か**。↘ 急がないと。

2 それがその時の写真です**か**。↘ いいですね。

3 今日でみんなとお別れ**か**。↘ さびしくなるなあ。

公式 8 ➜ 与えられた情報や状況を再確認して、感想や判断などを述べます。「〜か」の後に何も述べず、余韻を残す場合もある。下降イントネーションをとります。

○ これで1000円**か**。↘ 安いね。

○ なんだ、売り切れ**か**。↘ 残念。

○ 休みも今日で最後**か**↘……。

公式 9 ➜ 相手の発話やことわざなどを反芻して、その意味を確かめようとしたり、納得しようとしたりするときに使います。下降イントネーションをとります。

○ 習うより慣れろ、**か**。↘ 確かに、そうだな。

○ A：明日、雨らしいよ。
B：雨**か**↘……。困ったなあ。

機能8 決心を表す

1 そろそろ、始める**か**。↘

2 よし、今日の夕食はカレーにする**か**。↘

公式 10 ➜ 独り言や心内発話であることが多いです。聞き手がいる場面では、話し手の決心を伝えることになります。下降イントネーションをとります。

○ A：遠いから、タクシーで行こう**か**。↘
B：そうだね。

機能9 非難や不満、あきれた気持ちを表す

1 どうして来なかったんです**か**。↘

2 いつ部屋の掃除をするんです**か**。↘

3 どこに行っていたんです**か**。↘

公式 11 ➜ 疑問文の形ですが、質問の意図はありません。目の前の状況や事実を示し、聞き手（または、話題の人）に対して、非難や不満、あきれた気持ちを表します。下降イントネーションをとります。

○ まだやっていないんですか。↘
○ 今日も遅刻ですか。↘
○ それはどういう意味ですか。↘

機能10 驚きや感心する気持ちを表す

1 これを一晩で仕上げたんですか。↘

2 わざわざ来てくれたんですか。↘

公式12 ➔ 疑問文の形ですが、質問の意図はありません。相手によって示された物事について、驚きや感心する気持ちなどを表します。下降イントネーションをとります。

○ えっ!? 協力してくれますか。↘ ありがとうございます。
○ A：これ、もらっていいんですか。↘
B：もちろんです。どうぞ。

機能11 断定できない考えや理由を表す

1 暑い日が続いたためか、夏バテ気味だ。

2 たくさん練習したからか、全然緊張しませんでした。

3 ゆうべ風が強かったのか、庭の植木鉢が倒れていた。

公式13 ➔ 「〈せい、おかげ、から、ため、ので、などを使った従属節〉＋か」で使われ、それが事実かどうか、話し手がまだ確信を持てないでいることを表します。

○ 気のせいか、風邪をひいたような気がする。
○ 野菜の多い食事のおかげか、最近、体調がよくなりました。

機能12 はっきりしないことを表す

1 いつか、オーロラを見てみたい。

2 誰かが一緒に行ってくれれば、安心です。

3 休みの日は、なぜか早く起きてしまう。

公式 14 ➔「疑問詞＋か」は、特定できない事柄を表します。

○ どこ**か**から子どもの泣く声が聞こえる。
○ 気になることがあるけど、それが何**か**、思い出せない。

機能13 流動的な心情を表す

1 週末は山に行こう**か**と思っています。

2 そろそろ引っ越そう**か**と思っています。

3 明日、仕事を休もう**か**と思っています。

公式 15 ➔「意向形＋か」は、ある動作・行動をする意向を述べるとともに、それをまだ決心していないことを表します。後に「〜と思う」が続く形が多いです。疑問詞を伴う場合は、結論が否定形になることが多いです。

○ みんなで旅行に行こう**か**と話しています。
○ 結局、その話は断ろう**か**と思っています。
○ 何を着て行こう**か**、まだ決めていません。

機能14 会話の応答表現としての働きをする

1 A：明日は休みです。
B：そうです**か**。↘

2 A：海外へ転勤することになりました。
B：そうなんです**か**。↘ それは大変ですね。

公式 16 ➔ 相手の発話内容を初めて知った場合に、「そうですか」「そうなんですか」などの表現を自然な形で使うことができます。下降イントネーションをとります。

○ A：N2に合格したんです。
B：そうです**か**。よかったですね。
○ A：先週は、インフルエンザでずっと休んでいたんです。
B：そうなんです**か**。大変でしたね。

54

終助詞

文末に付いて、話し手の気持ちや態度を表す

～ね（ねえ）

接続　普通形＋ね　名詞・な形容詞 - だ＋ね　名詞＋ね（主に女性）　丁寧体＋ね

×　命令形／禁止命令形＋ね

機能1　感情・詠嘆・評価・判断を表す

1 これは安い**ね**。普段の半額だよ。

2 うーん、塩がちょっと足りない**ね**。

3 私だったら、いやです**ね**。

4 この青いシャツは悪くない**ね**。

公式1 →「ね」の基本的な機能は、話し手の認識を聞き手に示すことです。その中で、機能1が基本的な用法です。「ねえ」の形をとることもできます。

○ A：もう少しで勝てたのに……。
B：ほんと。惜しかった**ね**。（感情）

○ A：美しい建物だ**ね**。（詠嘆）
B：バロック様式の建築です。

○ A：明日から健康のために、ジョギングを始めることにしました。
B：それはいい**ね**。（評価）

○ 私は賛成できません**ね**。（判断）

○ A：田中さんがカップラーメンを食べるなんて珍しい**ねえ**。
B：友達がお土産にくれたんです。

機能2 聞き手に同意や共感を求める

1 A：寒い**ね**。
　B：うん。

2 A：あっという間に終わった**ね**。
　B：ほんと。

3 見て、この写真。懐かしい**ね**。

4 疲れた**ね**。ちょっと休憩しよう。

公式2 → **聞き手も自分と同じ意見や感じ方だと思われることを持ちかけて、同意や共感を求めます。**
聞き手の側も、自分も同じ認識だ、という場合（共感 / 同意）、応答文に「ね」を付けます。
※「ねえ」の形をとることもできます。

○〈同じケーキを食べながら〉
　A：このケーキ、おいしい**ね**。
　B：そうだ**ね**、おいしい**ね**。

○ A：いい天気です**ね**。
　B：そうです**ね**。

○ A：久しぶりだ**ねえ**。
　B：ほんとです**ね**。

公式3 → **聞き手が知らないことには使えません。**

　A：お誕生日はいつですか。
× B_1：5月です**ね**。
○ B_2：5月です。
（聞き手が知らないことなので、応答文には「ね」をつけません。）

〈メール〉
　A：お久しぶりです。お変わりないですか。
× B_1：先月、大阪に引っ越しました**ね**。
○ B_2：先月、大阪に引っ越しました。
（Aは引っ越しのことを知らないので、「ね」は使えません。）

機能3 確認、念押しを表す

1 A：あのう、失礼ですが、田中さんです**ね**。↗
B：ええ、そうです。

2 〈店員〉お一人様です**ね**。↗　かしこまりました。

3 （旅行に出かけるとき）
チケット、持ってる**ね**。↗　じゃあ、行こう。

4 明日の会議は必ず出席してください**ね**。↗

公式 4 → **「ね」のもう一つの機能として、「確認」があります。文脈によっては、「念押し」を表します。上昇イントネーションをとります。**

※この用法では「ねえ」の形をとることはできません。

○ 客　：これは税込みの値段です**ね**。↗（確認）
店員：はい、そうです。

○（ホテルの予約時に）
3日前まではキャンセル料はかからないということです**ね**。↗
（念押し）

✕ 後でメールください**ねえ**。

公式 5 → **「か」は自分が知らない情報を相手から得たいときに使い、「ね」は自分の認識を相手と共有したいときに使うのが、違いのポイントです。**

○ このエッセーは村上春樹が書いたんです**か**。↗
○ このエッセーは村上春樹が書いたんです**ね**。↗

機能4 聞き手の同意や了解を求める

1 荷物、ここに置いておきます**ね**。

2 じゃ、お店、予約しておく**ね**。

3 もう1枚撮ります**ね**。

公式6 → 聞き手が同意、了承してくれることへの期待を表します。また、聞き手の了承を前提に話を進めたいときにも使われます。

※この用法では「ねえ」の形をとることはできません。

○ ちょっとコンビニに行ってくる**ね**。(←了承を求める)

○ 先、帰るね。(←了承を求める)

○ 〈ガイドが観光客に〉
この町はガラス細工が有名なんです**ね**。その歴史は古くて……。
(↑了承を前提に話を進める)

○ 〈看護師が患者に〉
この粉薬が咳止めです**ね**。それから…(←了承を前提に話を進める)

機能5 指示・命令・依頼のニュアンスを和らげる

1 ちょっとお待ちください**ね**。

2 夕飯の準備、手伝って**ね**。

3 鍵をかけるの、忘れないで**ね**。

接続 ～てください＋ね　　て形＋ね

公式7 → 「ね」を使うと、指示や命令を優しく伝えることができます。ただし、命令形/禁止命令形に「ね」を付けることはできません。

※この用法では、「ねえ」の形をとることはできません。

○ 保険証は忘れないでください。(←事務的に注意を促している印象)

○ 保険証は忘れないでください**ね**。(←優しく注意を促してくれている印象)

✕ 早く起きろ**ね**。

✕ ここに入るな**ね**。

55

終助詞
文末に付いて、話し手の気持ちや態度を表す

〜よ

接続 普通形＋よ　名詞／な形－だ＋よ　　名詞＋よ（主に女性）　丁寧体＋よ

機能1 注意喚起や情報提供を表す

1 ここ、間違ってます**よ**。⤴

2 あと10分です**よ**。⤴

3 バスが来ました**よ**。⤴

公式1 → **聞き手が気づいていないことに注意を向けさせたり、聞き手が知らない情報を提供します。これらの文に「よ」がなければ、事実を述べるだけの文になりますが、「よ」を付けることで、聞き手に注意を促すニュアンスが生まれます。上昇イントネーションをとります。**

○ あ、ハンカチが落ちました**よ**。⤴（注意喚起）

○〈電車の中で車掌が〉
終点です**よ**。⤴（情報提供）　起きてください。

○ ここがあなたの部屋です**よ**。⤴（情報提供）

機能2 話し手の意見・判断・助言・感情などを聞き手に伝える

1 A：そっちはどう？　寒い？
B：そんなに寒くない**よ**。

2 あの店はいつも混んでいるから、予約したほうがいい**よ**。

3 連絡をもらって、うれしかった**よ**。

4 その服、似合います**よ**。

公式2 → 会話ならではの表現で、話し手の考えや気持ちを伝えるために、聞き手に働きかけるニュアンスが特徴的です。

○ この本は面白いです。
○ この本は面白いです**よ**。

○ A案がいいと思う。
○ A案がいいと思う**よ**。

○ 今日は、傘は要らない。
○ 今日は、傘は要らない**よ**。

公式3 → 「よ」の基本的な機能は、話し手が知っていて、聞き手が知らないことを知らせることです。聞き手が知っていることには使うことができません。

〈2人で同じケーキを食べながら〉
✕ おいしいです**よ**。
○ おいしいです**ね**。

〈田中さんに対して〉
✕ 田中さんの家は駅から近いです**よ**。
○ 田中さんの家は駅から近いです**ね**。

機能3 命令・指示・依頼のニュアンスをやわらげる

1 困ったら連絡しろ**よ**。↗ （命令）

2 早く帰れ**よ**。↗ （命令）

3 ちょっと待ってて**よ**。↗ （依頼）

公式4 → 命令文や禁止命令文、依頼文の「よ」が上昇イントネーションの場合は、命令 / 禁止命令、依頼のニュアンスをやわらげます。
「命令形＋よ」は、男性が、立場が同等か下の者に対してアドバイスのようなニュアンスで使う場合が多いです。

○ 誕生日、忘れないで**よ**。↗ （依頼）
○ 遅刻するな**よ**。↗ （禁止）

機能4 非難の気持ちを表す

1 早く帰れ**よ**。↘

2 遅刻するな**よ**。↘

3 誕生日、忘れないで**よ**。↘

4 少し手伝ってください**よ**。↘

公式5 → 命令文や禁止命令文、依頼文の「よ」が下降イントネーションで話された場合は、相手への非難を表します。
また、疑問詞疑問文に「よ」が付く場合も、質問の意図はなく、感情の表出のみで、相手への非難を表します。この場合も下降イントネーションをとります。また、文末は「普通形＋[のよ]/[んだよ]」となる場合が多いです。

○ いつ電話くれた**のよ**。↘（電話をくれなかったことに対する非難）
○ どうして来なかった**のよ**。↘（来なかったことに対する非難）
○ 誰がそう言った**んだよ**。↘（発言した人に対する非難）
○ 何が不満な**んだよ**。↘（不満そうな態度に対する非難）

機能5 抗議や不満の気持ちを表す

1 それぐらい知ってる**よ**。⤵

2 そんなこと、聞いてない**よ**。⤵

3 A：こっちはプラスチックごみだからね。
B：わかってる**よ**。⤵

公式6 ➔ 自分の能力や判断に疑念を持たれたり、責められたりしたことに対する抗議や不満の気持ちを表します。下降イントネーションをとります。

○ A：毎朝、ジョギングなんて、本当にできるの？
B：できる**よ**。⤵

○ A：一人で大丈夫？
B：大丈夫だ**よ**。⤵

機能6 勧誘の気持ちを強調する

1 もう帰ろう**よ**。⤵

2 こっちの店にしよう**よ**。⤵

3 少し休もう**よ**。⤵

公式7 ➔ 男性、女性ともに使います。下降イントネーションをとります。

○ 一緒に行こう**よ**。⤵

○ そろそろ始めましょう**よ**。⤵

○ 先生に聞いてみよう**よ**。⤵

○ もうちょっと真面目にやろう**よ**。⤵

○ たまには贅沢しよう**よ**。⤵

56

終助詞
文末に付いて、話し手の気持ちや態度を表す

[接続] 普通形＋の　名詞／な形－なの　※意向形には接続しません。

機能1 疑問を表す

1 今、どこにいる**の**？⤴

2 え？　知らない**の**？⤴

3 この人は友達な**の**？⤴

4 まだな**の**？⤴

公式1 ➔ 文末に「の」が来ることで表現全体がやわらかい調子になります。上昇イントネーションをとります。

- ○ 風邪ひいてる**の**？⤴
- ○ 引っ越すって、本当な**の**？⤴
- ○ 花火大会は何着て行く**の**？⤴
- ○ 出発、明日な**の**？⤴

公式2 ➔ やわらかい調子にする効果があり、会話の中で、「＋なの」の形で、疑問詞をはじめ、さまざまな語に付いて慣用的に使われます。

- ○ 誰**なの**？／いつ**なの**？／どこ**なの**？／何**なの**？／どっち**なの**？／どう**なの**？／いくら**なの**？／どうして**なの**？
- ○ そう**なの**？／また**なの**？／すぐ**なの**？／だめ**なの**？／いや**なの**？

機能2 主張や説明を強く表す

1 うるさいなあ。こっちでいい**の**。⤵

2 自分のことは自分で決めたい**の**。⤵

3 A：明日でいいじゃない？
B：だめ。今日中にやらなきゃなんない**の**。⤵

4 甘いものは嫌いな**の**。⤵

5 A：あくびばかりしてるね。
B：ゆうべ徹夜だった**の**。⤵

公式3 ➔「のだ／んだ」の「だ」が脱落し、「の」だけが残った用法です。女性が使うことが多いです。下降イントネーションをとります。

○ 甘いものは嫌いな**んだ**。↘（←男女、同じ程度に使う）
○ 甘いものは嫌いな**の**。↘（←主に女性が使う）

○ ゆうべ徹夜だった**んだ**。↘（←男女、同じ程度に使う）
○ ゆうべ徹夜だった**の**。↘（←主に女性が使う）

機能3 軽い命令や指示を表す

1 〈自転車の練習〉
妹：できないと思う……。
姉：大丈夫だって。まずはやってみる**の**。↘

2 A：心配だなあ。
B：そんなこと、いちいち気にしない**の**。↘

公式4 ➔ 上の者が、下の者に対して使います。母親が子どもをたしなめるときに使う例が代表的です。

○ 子ども：お兄ちゃんにミニカー取られた。
母　親：ケンカしない**の**。↘
○〈母親が泣き続ける子どもに〉
泣かない**の**。↘　後で買ってあげるから。

機能4 軽い断定を表す

1 その日は体調が悪くて、欠席しました**の**。

2 よくわからなくて、先生にお尋ねしたいと思いました**の**。よろしいですか。

公式5 ➔ 丁寧体に接続します。主に女性が使う表現ですが、最近はほとんど使われていません。使うのは年配の女性に限られ、上品で、少し気取った感じになります。

○ 雨が降っていましたので、バスで参りました**の**。
○ 姪の結婚式には着物を着ようと思っております**の**。

57

終助詞
文末に付いて、話し手の気持ちや態度を表す

～な

機能1 禁止を表す

1 勝手なことをする**な**。

2 こんなところに荷物を置く**な**。

3 騒ぐ**な**。静かにしろ。

4 うそ（を）つく**な**。

5 他人の悪口を言う**な**。

接続 辞書形＋な

公式1 ➔ **女性が使うことはほとんどありません。男性が使う場合も、子ども・兄弟・親しい友人や緊急の場合、喧嘩をしている場面など、丁寧さの配慮が必要ない場合に限り、使われます。**

○ 文句を言う**な**。

○ 気にする**な**。大したことじゃないって。

○ こっちへ来る**な**。

○ ふざける**な**。

○ 危ないから触る**な**！

○ おい、中に入る**な**！

機能2 命令を表す

1 早く食べ**な**。

2 今日はもう帰り**な**。

3 周りに迷惑だから、静かにし**な**。

4 もうちょっと探してみ**な**。

接続 ます形＋な

公式2 ➔ **親しい相手に対する命令を表します。**

○ そろそろ寝**な**。

○ あっちへ行き**な**。

○ ちょっと待ち**な**。

○ まあ、聞き**な**。

○ どれどれ、ちょっと貸してみ**な**。

○ ホームページがあるから、一度見てみ**な**。

公式 3 → さらに、後に「よ」を付けて相手への働きかけを強めたり、引用を表す「って」を付けて念を押したりする言い方もあります。

○ 早く食べ**なよ**。

○ もうちょっと探してみ**なよ**。

○ まあ、聞き**なって**。

○ ちょっと貸してみ**なって**。

機能3 依頼や願望を表す

1 元気出して**な**。

2 おとなしくして**な**。

3 急いで**な**。

接続 て形＋な

公式 4 → 話し手の依頼や願望の気持ちを加えます。

○ じゃ、がんばって**な**。

○ 今の気持ちを忘れないで**な**。

公式 5 → 現代では使う人（主に年配の女性）が少なくなっていますが、「くださ い＋な」の形もあります。上品な話し方になります。

○ ちょっと見せてください**な**。

公式 6 → 禁止命令形に「な」を付ける場合は、「ます形＋なさんな」になります。

○ 慌てなさん**な**。

機能4 感想や感じたことを表す

1 お腹が空いた**な**。

2 お店、混んでる**な**。

3 今日は星がきれいだ**な**。

4 これ、欲しい**な**。

5 ちょっと難しい**な**。

接続 普通形＋な　名／な形－だ＋な

公式 7 → 男性、女性、ともに使えます。独り言のように使われることが多いです。

○ 最高だ**な**。

○ めんどくさい**な**。

○ 失礼だ**な**、まったく！

○ 時間がない**な**。今度にしよう。

○ 雨が降ってきそうだ**な**。傘を持って行こう。

公式 8 → 丁寧体に接続する用法は、年配の男性に限られます。

○ 今日は星がきれいです**な**。

機能5 相手に対して話し手の認識を伝える

1 いろいろ大変だった**な**。

2 心配かけた**な**。

3 残念だった**な**。

公式 9 → 主に男性が、親しい間柄で用います。

- 兄：合格できて、よかった**な**。
  妹：うん。ほっとした。
- Ａ：よく頑張った**な**。
  Ｂ：ありがとうございます。

機能6 確認や念押しをする

1. これで間違いない**な**。
2. 今度、食事に行こう**な**。
3. 間に合った**な**。

公式 10 → 主に男性が、親しい間柄で使います。

- Ａ：あの二人、結婚するらしい**な**。
  Ｂ：そうだよ。知らなかったの？
- Ａ：大変な事故が起きた**な**。
  Ｂ：そうですね。
- また会おう**な**。
- 急がなくていいから、丁寧に**な**。

終助詞
文末に付いて、話し手の気持ちや態度を表す

機能1 発見を表す

1 おーい、何か見える**ぞ**。

2 こんなところに、財布が落ちている**ぞ**。

3 あれ、変だ**ぞ**。

4 あれ、田中さんがいない**ぞ**。どうしたんだろう。

接続 普通形＋ぞ　名詞／な形－だ＋ぞ

公式1 → 新たな情報、新たにわかったことを他者に知らせ、注意を喚起します。呼びかけるニュアンスがあります。くだけた表現で、男性が使うことが多いですが、女性も使います。

○ おーい、車が来る**ぞ**！
○ そっちに逃げた**ぞ**！
○ 鍵がかかってる**ぞ**。
○ こっちの店のほうが安い**ぞ**。

公式2 → 疑問文、意思文、命令文などとともに使うことはできません。また、「～だろう」にも付加できません。丁寧体に接続することはほぼありません。

× 明日行きますか**ぞ**。
× 明日、行こう**ぞ**。
× 明日、行け**ぞ**。
× 明日は雨だろう**ぞ**。

機能2 自分の態度や決意を強く表す

1 今日は必ず勝つ**ぞ**。

2 あとは任せた**ぞ**。

3 絶対あきらめない**ぞ**。

接続 辞書形 / ない形 + ぞ

公式3 → 自分を鼓舞したり、主張したり、気持ちが強く表れる表現です。

- ○ 雨が降っても、行く**ぞ**。
- ○ こんなことには負けない**ぞ**。
- ○ 動くと撃つ**ぞ**。
- ○ これは僕のだ**ぞ**。

機能3 聞き手に気づきや注意を促す

1 歯磨きしないと虫歯になる**ぞ**。

2 おーい、あと５分だ**ぞ**。

3 どうなっても知らない**ぞ**。

4 そろそろ始まる**ぞ**。

接続 辞書形 / ない形 + ぞ

公式4 → 対話において、聞き手が認識していないことに注意を促し、警告します。

- ○ 地図がないと迷子になる**ぞ**。
- ○ そんな恰好で寝たら風邪ひく**ぞ**。
- ○ 〈食べ物について〉熱い**ぞ**。気をつけて。
- ○ そこの二人、ちょっとうるさい**ぞ**。
- ○ おい、危ない**ぞ**！
- ○ 聞こえない**ぞ**。

機能4 感動や心の動きを表す

1 ついにやった**ぞ**！

2 勝った**ぞ**！

3 いい**ぞ**、その調子！

4 さあ、面白くなってきた**ぞ**。これからだ。

5 うーん、これは困った**ぞ**。どうすればいいんだろう。

公式5 → **ある行為・行動の成功や完了の際によく使われます。**

○ よし、できた**ぞ**。

○ やっと着いた**ぞ**。

○ A：わかった**ぞ**、やり方。
B：どうやるの？

機能5 判断や評価、見解などを表す

1 これはきっと売れる**ぞ**。

2 これから忙しくなる**ぞ**。

3 北海道はいい**ぞ**。自然が豊かで。

公式6 → **話し手が、判断した内容を相手に伝えたいと思ったときに使われます。「…だ。そう思うよ」というニュアンスです。**

○ みんな驚く**ぞ**。

○ 急がなくていい**ぞ**。時間はたっぷりあるから。

○ それが中止になると、午後は暇になる**ぞ**。

○ もうすぐ雨が降ってくる**ぞ**。

○ 青木さんがいないと、きっと困ることになる**ぞ**。

終助詞
文末に付いて、話し手の気持ちや態度を表す

～わ

接続 普通形＋わ　名詞 / な形 - だ＋わ
※疑問文、意志文、命令文などとともに使うことはできません。

機能1 気づきを表す

1 あ、雨が降って来た**わ**。

2 もう、こんな時間だ**わ**。出かけなくちゃ。

3 〈パソコンについて〉どうしたんだろう。音が出ない**わ**。

公式1 ➔ 基本的な機能は、話し手自身の気づきを表現することです。独り言や心内発話として現れる場合が多いです。主に女性が使いますが、最近の若い世代はあまり使わない傾向にあります。

- ○ もう間に合わない**わ**。
- ○ こんなんじゃ、だめだ**わ**。
- ○ 私が悪いんだ**わ**。
- ○ もう１個買えばよかった**わ**。
- ○ 彼女が結婚していたなんて、知らなかった**わ**。
- ✕ 今、何時ですか**わ**。
- ✕ 行こう**わ**。
- ✕ 行け**わ**。

公式2 ➔ 丁寧体に接続すると、とても丁寧な感じになりますが、現在は一部の年配の女性を除くと、ほとんど使われません。

- ○ すっかり忘れていました**わ**。
- ○ 先生にちょっとお聞きしたいです**わ**。

機能2 話し手自身の判断や主張、感情などをやわらげる

1 じゃ、そろそろ帰る**わ**。

2 今日は楽しかった**わ**。

3 もうちょっと話したかった**わ**。

公式 3 → 聞き手のいる場面では、話し手の強い感情や主張をやわらげます。男性も使うことができ、下降イントネーションをとります。
女性は上昇イントネーション、下降イントネーション、どちらも使います。前者のほうが、相手により働きかけるニュアンスが強くなります。

- ○ やっぱりやめとく**わ**。↘
- ○ ちょっと疲れた**わ**。↘
- ○ 彼女が言ってた本、きっとこれだ**わ**。↘
- ○ 会えなくて残念だ**わ**。↗（↘）
- ○ 私だって困る**わ**。↗（↘）
- ○ あんな言い方をするなんて、失礼だ**わ**。↗（↘）

機能3 相手に軽く働きかけながら情報を伝達する

1 おばさん、風邪ひいてた**わ**。

2 お店、やっぱり混んでた**わ**。

3 それは私も知らなかった**わ**。

→ ある情報を相手に淡々と伝えるときに、軽く働きかけのニュアンスを加味して、やわらかいニュアンスにします。

- ○ 桜はまだ咲いてなかった**わ**。
- ○ ホテルは思ったより駅から近かった**わ**。
- ○ みんな元気そうだった**わ**。
- ○ 洗濯もの、乾いてた**わ**。
- ○ それ、私も聞いた**わ**。

機能4 強い不満やあきれた気持ちを表す

1 何も知らないくせに、よく言う**わ**。

2 先生にそんなことを言うなんて、ほんと、あきれる**わ**。

3 そんな話、聞いてない**わ**。

公式5 → 誰かの言動に対して、話し手が強い不満やあきれた気持ちを表す表現です。自身の感情の表出が中心で、聞き手に対する働きかけは軽いほうです。

○ そんなこと言ったの？　信じられない**わ**。

○ 神経、疑う**わ**。

○ また、勝手なこと言ってる**わ**。

機能5 表現を重ねて強調する

1 釣れる**わ**、釣れる**わ**、イワシが50匹も釣れた。

2 雨に降られる**わ**、道に迷う**わ**、散々な登山だった。

3 料理はおいしい**わ**、スタッフのサービスはいい**わ**、申し分のない宿だった。

接続 辞書形＋わ、な形/名-だ＋わ

公式6 → 同時に起きた同じあるいは同類の事柄や状況を並べて、良い/悪い状況を強調して表します。

○ 自転車を盗まれる**わ**、部長には叱られる**わ**、今日は最悪だ。

○ 雨が上がる**わ**、虹が出る**わ**、これから何かいいことが起こりそうな気がする。

○ 来る**わ**、来る**わ**。天気も良いので、公園を訪れる花見客が後を絶たない。

60

終助詞
文末に付いて、話し手の気持ちや態度を表す

～なあ

機能1 感想や感じたことを表す

1 ぽかぽか陽気で気持ちいい**なあ**。

2 この店のカレーはやっぱりおいしい**なあ**。

3 もう少しで勝てたのに、悔しい**なあ**。

公式1 → 「なあ」の基本的な機能は話し手の感情を表すことです。基本的に独り言や心内発話に現れます。属性形容詞文*や感情形容詞文で使われることが多いです。

＊ 人やものの性質や状態を表す形容詞（大きい、重い、高い、速い、おいしい、静かな、など）を使った文。

「な」と同じ機能ですが、「な」よりもいく分やわらかみを含んだ表現になります。

接続 普通形＋なあ　名詞・な形容詞－だ＋なあ

○ 彼女、落ち着いてる**なあ**。
○ 朝6時集合か…。まいった**なあ**。
○ 私にはちょっと難しい**なあ**。
○ 人に見られて恥ずかしい**なあ**。
○ 捨てるのはもったいない**なあ**。
○ 一人で行くのは心細い**なあ**。
○ 大谷選手って、すごい**なあ**。
○ あの二人が結婚なんて、びっくりだ**なあ**。

公式2 → 単なる動作や出来事は感情の動きを伴わないので「なあ」は使いにくいですが、副詞などで感情の動きを引き起こす要因が表されている文では使うことができます。

× 荷物が届いた**なあ**。
○ やっと荷物が届いた**なあ**。
× ご飯を食べた**なあ**。
○ たくさんご飯を食べた**なあ**。

公式 3 → 丁寧体に接続して使われることはほとんどありませんが、年配の男性に限り、聞き手がいる場面で使われることがあります。

○ かわいい子犬です**なあ**。

機能2 昔のことについて、懐かしむ気持ちなどの感慨を表す

1 子どもの頃、この公園で遊んだ**なあ**。

2 昔よく、この歌を歌った**なあ**。

3 ここで長い間、仕事をしていた**なあ**。

公式 4 → 昔の出来事や習慣を表す文で、懐かしむ気持ちを表します。近い過去については使いません。時間の隔たりが詠嘆を引き起こしています。

○ 小学生の頃は結構太っていた**なあ**。
○ 若い頃は親に心配ばかりかけていた**なあ**。
○ 昔は野菜を全然食べなかった**なあ**。
○ 大学でもっと勉強すればよかった**なあ**。
○ あの時はパスポートを失くして大変だった**なあ**。

機能3 判断や事実認識をやわらかく表す

1 これがいちばんいいと思う**なあ**。

2 いくら田中さんの頼みでも、それはできない**なあ**。

3 何かイベントをやっているみたいだ**なあ**。

公式 5 → あまり感情を伴わずに何かの判断や確認などをしたときに、調子を整えるように文末に添えます。

○ これじゃ、だめだ**なあ**。
○ 窓が開いてる**なあ**。
○ 2センチ足りない**なあ**。

61

終助詞
文末に付いて、話し手の気持ちや態度を表す

～ねえ

機能 感情・詠嘆・評価・判断を表す

1 A：今日は寒い**ねえ**。
B：ほんと。凍えそう。

2 A：いい演奏だった**ねえ**。
B：うん。なんか、すごく感動した。

3 A：日本は決勝トーナメントに進めそうでしょうか。
B：さあ。どうでしょう**ねえ**。

公式1 ➔「ね」と同様、話し手が、判断や評価、感じ方を聞き手と共有したい気持ちを表します。「ね」に比べ、いく分やわらかみが増し、しみじみ感じるニュアンスがあります。

○ A：〈写真を見ながら〉懐かしい**ねえ**。
B：そうだねえ。

○ 子猫はほんとにかわいい**ねえ**。

○ 危ない**ねえ**。もう少しでぶつかりそうだったよ。

○ A：困った**ねえ**。
B：ええ…。どうしましょう。

公式2 ➔ 確認や念押し、指示や命令、依頼などを表す文には、「ねえ」は付きません。

✕ 田中さんをごぞんじです**ねえ**。（確認）

✕ いい**ねえ**、わかりましたか。（念押し）

✕ パスポートを忘れないでください**ねえ**。（命令）

2

終助詞
文末に付いて、話し手の気持ちや態度を表す

～とも

相手の依頼や疑問に対して、肯定的な返事を強く断定的に示す

1 A：ちょっと手伝ってくれない？
B：いい**とも**。

2 A：明日の試合、どう？　勝てそう？
B：もちろん、勝つ**とも**。

3 A：ほんとにやるつもり？
B：ああ、やる**とも**。

接続　普通形＋とも　名詞・な形容詞－だ＋とも　丁寧体＋とも

公式 → **相手からの依頼や疑問に対する、応答の文に使われます。疑いや異論の余地がなく、「当然のことだ」という意味を表します。不安や疑問を抱いている相手を安心させたいとき、期待に応えたいときに使われることが多いです。**

○ A：よろしかったら、ぜひ個展にいらっしゃってください。
B：必ず行きます**とも**。

○ A：私にもチャンスはあるでしょうか。
B：もちろんです**とも**。

○ A：チケット、買いましたか。
B：もちろん、買いました**とも**。ファンですからね。

○ A：アニメのほうは見ましたか。
B：もちろん、見ました**とも**。

か

（1）❶ これはなんです**か**。⤴
❷ お国はどちらです**か**。⤴
❸ 勉強は楽しいです**か**。⤴

（2）❶ 買い物に行き**ませんか**。⤴
❷ コーヒーを飲み**ませんか**。⤴
❸ テニスをし**ませんか**。⤴

（3）❶ A: お荷物、お持ちし**ましょうか**。⤵
B: ありがとう。助かります。
❷ A: お弁当は公園で食べ**ようか**。⤵
B: うん、そうしよう。
❸ A: 映画を見に行こ**うか**。⤵
B: うん、行こう。

（4）❶ 塩を取ってくださいま**すか**。⤴
❷ ドアを閉めてもらえ**ませんか**。⤴
❸ アルバイトを紹介していただけ**ませんか**。⤴

（5）❶ そんなに遠くまで歩けるだろう**か**。⤵　歩けるはずがない。
❷ 私たちが負けると思います**か**。⤵　負けないです。
❸ この苦労を誰が理解できるだろう**か**。⤵　誰も理解できない。

（6）❶ もう週末**か**。⤵　早いなあ。
❷ これが最新のスマホ**か**。⤵
❸ ああ、この強い風は台風です**か**。⤵

（7）❶ 人生万事塞翁が馬**か**…。⤵　そうだね。
❷ A：今晩、雪になるって。
B：雪**か**。⤵　あまり降らなければいいな。
❸ A：今日から 12 月だ。
B：12 月**か**。⤵　今年も、もう終わっちゃうね。

（8）❶ よし、明日から早起きする**か**。⤵
❷ 食事の後で映画を見る**か**。⤵
❸ 今年の夏は、北海道に行く**か**。⤵

（9）❶ どうして休んだのです**か**。⤵
❷ まだ、書き終わらないのです**か**。⤵
❸ また、メガネをなくしたのです**か**。⤵

（10）❶ もう着いたんです**か**。⤵　早いですね。
❷ これで 500 円です**か**。⤵　安いですね。
❸ 借りていいんです**か**。⤵　ありがとうございます。

(11) ❶ 雨のせい**か**、お客が少なかった。
❷ 新しい道ができたおかげ**か**、最近、渋滞しなくなりましたね。
❸ 窓を開けたまま寝たから**か**、風邪をひいてしまった。

(12) ❶ 週末、どこ**か**、出かけようか。
❷ まあまあいいと思うんだけど、何**か**が足りない。
❸ 昨夜はなぜ**か**眠れなかった。

(13) ❶ 飛行機の中で、本を読もう**か**と思っています。
❷ 来年のお正月は、着物を着よう**か**と考えています。
❸ もう少し広い部屋に引っ越そう**か**と迷っています。

(14) ❶ A：今日のセミナーは終了しました。
B：そうです**か**。↘
❷ A：うちの猫が子猫を５匹生みました。
B：そうなんです**か**。↘
❸ A：来月、結婚します。
B：そうです**か**。↘　おめでとうございます。

ね（ねえ）

(1) ❶ A：このジャム、とてもおいしい**ね**。
B：庭で採れたブルーベリーで母が作ったんです。
❷ A：父が病気になったんだ。
B：それは大変だ**ね**。
❸ 私は反対です**ね**。
❹ 一度、病院で見てもらったほうがいい**ね**。

(2) ❶ A：この部屋、寒い**ね**。
B：そうだ**ね**。暖房をつけようか。
❷ A：コンビニは便利だ**ね**。
B：うん、お金もおろせるし、荷物も送れるし。
❸ A：この公園の桜、きれいだ**ね**。
B：そうだ**ね**。

(3) ❶ 客　：この電車は梅田行きです**ね**。↗
駅員：ええ、そうですよ。
❷ 店員：ホットコーヒー２つと、ケーキ２つです**ね**。↗
客　：はい。
❸ 集合時間は９時です**ね**。↗

(4) ❶ ここに書類を置いておく**ね**。
❷ 明日から留守にする**ね**。
❸ 〈教師が学生に〉
この問題は簡単です**ね**。説明を飛ばします。

（5）❶ 明日、この書類を持って行ってください**ね**。
❷ 少し遅れそうだから、先に行って**ね**。
❸ 走らないで**ね**。

よ

（1）❶ あ、そこにスマホを忘れています**よ**。
❷ リュックのファスナーが開いています**よ**。
❸ この学校には働く人向けの夜のクラスもあります**よ**。

（2）❶ あなたの意見に賛成です**よ**。
❷ 電車で行ったほうがいいです**よ**。
❸ 新しい仕事はとてもわくわくする**よ**。

（3）❶ 疲れたら休め**よ**。⤴（命令）
❷ この部屋でたばこ吸うな**よ**。⤴（禁止）
❸ 石けん買っといて**よ**。⤴（依頼）

（4）❶ ちゃんと準備しとけ**よ**。⤵
❷ コピーしといて**よ**。⤵
❸ どうして窓側の席にしなかったの**よ**。⤵

（5）❶ A：手伝おうか。
B：一人でできる**よ**。⤵
❷ A：着いたら電話してね？
B：わかってる**よ**。⤵
❸ A：一人で帰れる？
B：帰れる**よ**。⤵

（6）❶ 今日はここまでにしよう**よ**。⤵
❷ 今度、あの店に行ってみよう**よ**。⤵
❸ ワインを飲みに行きましょう**よ**。⤵

の

（1）❶ もう、ご飯食べた**の**？⤴
❷ 傘、持ってない**の**？⤴
❸ 今、何時な**の**？⤴

（2）❶ あの大学に行きたい**の**。⤵
❷ 来月、オーロラを見に行く**の**。⤵
❸ A：疲れているの？
B：毎日残業な**の**。⤵

（3）❶〈図書館で走り回る子どもに〉　母親：走らない**の**！⤵
❷ 子　：にんじん、食べられない。
母親：何でも食べる**の**。⤵
❸ 選　手：もう無理。
コーチ：簡単にあきらめない**の**。⤵

(4) ❶ 休みを取って旅行に行きます**の**。
❷ 先月、孫が生まれました**の**。

な (1) ❶ 行く**な**。
❷ 泣く**な**。
❸ ここに車を停める**な**。

(2) ❶ たくさん食べ**な**。
❷ そこに置いとき**な**。
❸ 好きなだけ持って行き**な**。

(3) ❶ 帰る時、声かけて**な**。
❷ 静かにしてください**な**。
❸ 騒ぎなさん**な**。

(4) ❶ やっぱり海の中は神秘に満ちてる**な**。
❷ おばあちゃんの料理が食べたい**な**。
❸〈降り続く雪を見て〉積もりそうだ**な**。

(5) ❶ A：このりんご、おいしい**な**。
B：山田さんからいただいたの。
❷ A：田中、お前が引っ越したら、さびしくなる**な**。
B：世話になった**な**。ありがとう。
❸ A：最近、遅刻が多い**な**。
B：すみません、気をつけます。

(6) ❶ A：田中さん、引っ越すらしい**な**。
B：沖縄に行くんだって。
❷ うそじゃない**な**。
❸ 用意はできた**な**。

ぞ (1) ❶ あれ、音が聞こえない**ぞ**。
❷ いつもと違う**ぞ**。
❸ 変な臭いがする**ぞ**。

(2) ❶ お金を貯めて、旅行に行く**ぞ**。
❷ ダイエットする**ぞ**。
❸ もう後戻りはできない**ぞ**。

(3) ❶ そんなにスピード出したら、危ない**ぞ**。
❷ そんなこと気にしたら、何にもできない**ぞ**。
❸ 今やらないと後悔する**ぞ**。

(4) ❶ さあ、着いた**ぞ**。
❷ やっと見つけた**ぞ**。
❸ どこ行ってたんだ？　心配した**ぞ**。

(5) ❶ 最後にちょっとバターを入れて……。うん、おいしくなる**ぞ**。
❷ ちょっとまずいことになってきた**ぞ**。
❸ 初めてにしては、なかなかいい**ぞ**。

わ (1) ❶ この時計、遅れている**わ**。
❷ こんなところに財布が置いてある**わ**。
❸ ボタンがとれている**わ**。

(2) ❶ A：たくさん歩いたね。
B：うん、ちょっと休憩したい**わ**。
❷ 明日は早めに帰ってくる**わ**。
❸ 駐車場が空いてなくて困った**わ**。

(3) ❶ あのお店、思ったより安かった**わ**。
❷ お客さん、いっぱいいた**わ**。
❸ 半袖で行ったら、ちょっと寒かった**わ**。

(4) ❶ 今更キャンセルなんて、考えられない**わ**。
❷ こんな時間に電話かけてくるなんて、非常識だ**わ**。
❸ A：あなたがそう言ったんでしょ。
B：そんなこと言ってない**わ**。

(5) ❶ 出るわ、出る**わ**、悪い報道が次々と出てくる。
❷ 風邪をひく**わ**、財布を落とす**わ**、散々な旅行だったよ。
❸ レポートの締め切りは近い**わ**、試合はある**わ**で、休む間もない。

なあ (1) ❶ 今度はアフリカ旅行？ うらやましい**なあ**。
❷ 今日は幸せな一日だった**なあ**。
❸ 困った**なあ**。

(2) ❶ この道を毎日通ったんだ**なあ**。
❷ この川でよく釣りをした**なあ**。
❸ 父がここで働いていた**なあ**。

(3) ❶ 私はそれには反対だ**なあ**。
❷ 彼が当選すると思う**なあ**。

ねえ ❶ この本、面白い**ねえ**。
❷ きれいな景色だ**ねえ**。
❸ 面接にはスーツを着て行ったほうがいいでしょう**ねえ**。

とも ❶ A：引っ越し、手伝ってもらえない？
B：いい**とも**。
❷ A：結婚式、来ていただけますか。
B：もちろん、行きます**とも**。

グループ 6

複合助詞
～より正確に ニュアンスを伝える

63

複合助詞
より正確にニュアンスを伝える

に＋α

には にも にさえ にしか にすら にのみ にばかり にまで までに

1 〜には

成分　格助詞「に」＋「は（強調）」

機能1 その対象については成り立つことを明示的に表す

1 親**には**まだ言ってません。

2 専門的で、私**には**ちょっと難しいです。

3 東京**には**親戚がいます。

4 明日の朝**には**出発します。

公式1 ➔「AにはB」の形で、「ほかはさておき、AについてはBだ」と、「AについてはBが成り立つ」ということを明示的に表します。

○ あなた**には**失望した。（感情の対象）
○ ここ**には**誰もいない。（存在の場所）
○ 毎日5時**には**家に帰っている。（時間）
○ 社長**には**すでに報告しました。（動作・作用の対象）
○ 新聞**には**書いていなかった。（物事の場所）
○ 彼とは友達**には**なれない。（関係の対象）

公式2 ➔ 敬意の対象を表し、あいさつ文に使われます。

○ 先生**には**いかがお過ごしでしょうか。
× 先生**は**いかがお過ごしでしょうか。
（先生は、と後文の敬意のバランスがとれない）

○ 皆様**には**、ますますご活躍のことと拝察申し上げます。
× 皆様**は**、ますますご活躍のことと拝察申し上げます。
（皆様は、と文の敬意のバランスがとれない）

機能2 ある結果や状態に及ぶかどうかについて述べる

1 完成**には**あと1カ月かかる。

2 彼とは友達**には**なれない。

3 夕食**には**間に合わない。

公式 3 → そのような結果や状態に及ばないという判断を示す表現です。

- O 合格**には**まだまだ力が足りない。
- O 10万円**には**ちょっと足りない。

2 ～にも ①　成分　格助詞「に」＋「も」

対象の添加を表す

1. 部長**にも**チョコをあげた。
2. 駅の中**にも**カフェがあります。
3. このやり方**にも**欠点がある。

公式 → 「～にも」は、ある事柄が～についても同じように当てはまることを表します。

- O 歩道**にも**雪が積もった。（事柄が成立する場所＋添加・拡張）
- O この番組は、子ども**にも**人気だ。（事柄が成立する対象＋添加・拡張）
- O 警察**にも**知らせたほうがいい。（動作・作用の対象＋添加・拡張）
- O 引っ越すことは、まだ誰**にも**伝えていない。（動作・作用の対象＋添加・拡張）
- O 私**にも**わかった。（動作・作用の主体＋添加・拡張）
- O 積雪は3メートル**にも**達した（程度の到達レベル＋強調）

3 ～にも ②　成分　接続助詞「に」＋副助詞「も」

ある動作・行為の意向がありながら、それが許されない状況にあることを表す

1. パソコンを使おう**にも**、ネット環境がないため使えない。
2. 電話しよう**にも**、番号がわからない。
3. 出かけよう**にも**、雨が強すぎて出かけられない。

公式 ➔「～ようにも～ない」の形で、逆接の仮定条件を表すときに使われます。「～したくてもできない」という意味を表します。「～たいと思っても」に言い換えることができます。

- O 帰国しよう**にも**、時間もお金もない。
- O 彼女の仕事を手伝おう**にも**、難しすぎてできない。
- O 大雨が降りだして、出かける**にも**出かけられない。
- O 会議中に面白いことを思い出したが、笑う**にも**笑えず、我慢した。

4 ～にさえ　成分 「に」＋「さえ（強調）」

機能 文意を強調するため、動作・作用の対象として極端な例を示す

1 このことは、親**にさえ**まだ言ってない。
2 辞書**にさえ**載っていない単語だから、わからなくても不思議じゃない。
3 このままでは、予選**にさえ**出られない。

公式 ➔ほかについても同様であることを含みながら、極端なものを例示することで文意を強調します。ある事柄が成り立つ、あるいは許容される可能性が高い例を引き合いにして、「それにも及ばないほど～だ」というニュアンスを含ませます。

- O 父は、海外旅行に行くどころか、飛行機**にさえ**乗ったことがない。
- O 彼女は、会社をやめることを私たち**にさえ**言わなかった。
- O この3年は、国内旅行**にさえ**行っていない。
- O 彼らの迷惑行為は、子ども**にさえ**、あきれられていた。
- O N4**にさえ**合格していないので、N1に合格なんて、まだまだ先だ。

5 ～にしか　成分　「に」＋「しか（限定）」

機能 対象が限定されていることを表す

1 結婚することは、まだ親**にしか**言ってません。

2 息子はゲーム**にしか**興味を示しません。

3 今回の出張は、福岡**にしか**泊まりません。

公式 ➔「にしか」は、ある事柄の対象や時間・場所がそれに限定されることを表します。会話的な表現です。

- ○ あなた**にしか**話しません。（動作・作用の対象＋限定）
- ○ 10時**にしか**来られません。（事柄が成立する時間＋限定）
- ○ ここ**にしか**ありません。（事柄が成立する場所＋限定）

6 ～にすら　成分　格助詞「に」＋「すら」

機能 文意を強調するため、動作・作用の対象として極端な例を示す

1 家族**にすら**、まだ言ってない。

2 海外旅行に行くどころか、飛行機**にすら**乗ったことがない。

3 当時は、食べること**にすら**困っていた。

公式 ➔「にすら」は「にさえ」と同じような表現です。ほかについても同様であることを含みながら、極端なものを例示して文意を強調します。

- ○ そんなことは、子ども**にすら**わかる。
（動作・作用がなされるところ＋限定）
- ○ 父はおしゃれ好きで、ハンカチ**にすら**こだわる。
（動作・作用の対象＋限定）
- ○ 勉強ばかりで、京都**にすら**行ったことがありません。
（移動の目的地＋限定）
- ○ 電車のトラブルで、まだ駅**にすら**着いていません。
（動作・作用がなされる場所＋限定）

7 ～にのみ　成分　格助詞「に」＋「のみ（限定）」

機能 対象が限定されることを表す

1 彼女の作品は、日本ではこの美術館**にのみ**ある。

2 それは彼ら**にのみ**許されたことだった。

3 ほかの国のことはどうでもよく、自国の利益**にのみ**関心があった。

公式 →「にのみ」は「にしか」と同様で、ある事柄の対象や時間・場所がそれに限定されることを表します。やや文語的で硬い言い方です。

○ この花は夏**にのみ**咲く。（事柄が成り立つ時間＋限定）

○ 家族**にのみ**伝えることにした。（動作・作用の対象＋限定）

○ そえに関する記述は、『日本書記』**にのみ**ある。（事柄が成り立つ場所＋限定）

8 ～にばかり　成分　格助詞「に」＋「ばかり」

機能 同じような行為や状態がくり返される様子を表す

1 彼は上司**にばかり**気を遣っている。

2 ついつい結果**にばかり**目が行きがちだ。

3 店長は森田さん**にばかり**親切にする。

公式 →「にばかり」は、同じような行為や状態などがくり返されている様子を表します。非難の気持ちや否定的な見方を含むことが多いです。

○ 夜遅い時間**にばかり**電話をかけてくる。（行為の時間＋限定）

○ 彼女は子どもたち**にばかり**食べさせて、自分は食べなかった。（行為の対象＋限定）

○ 彼は家の中**にばかり**いる。（動作・作用が行われる場所＋限定）

9 〜にまで　成分　格助詞「に」＋「まで」

機能 範囲や到達点が想定を上回る様子を表す

1 私たちの生活**にまで**影響が及んでいる。

2 母は、私の髪型**にまで**口をはさんでくる。

3 この旅館では、細かいところ**にまで**神経が行き届いている。

公式 ➔「にまで」は、動作・作用が及ぶ範囲や到達点が想定を上回る様子を表します。驚きや感心する気持ち、あきれる気持ちなどを伴った表現です。

- ○ ゆくゆくは、海外**にまで**出店するつもりだ。（移動先の場所＋到達点）
- ○ このような言葉遣いは、大人**にまで**浸透している。（動作・作用の対象＋到達範囲）
- ○ 子ども**にまで**笑われた。（受け身の行為者＋到達範囲）

10 〜までに　成分　格助詞「まで」＋「に」

機能 時間の限界点を表す

1 レポートは、15日**までに**提出してください。

2 春**までに**退院したい。

3 来週の月曜日**までに**返事をください。

公式 ➔「まで」は時間や空間の範囲を、「に」は時点や地点を表します。「までに」は、ある動作や作用について、「それが完了すべき、あるいは、完了すると予想される時間の限界点（期限）」を示します。

- ○ 明日の朝**までに**仕上げる。（動作・行為を行う時間＋期限）
- ○ 日が暮れる**までに**戻るつもりです。
- ○ 何時ごろ**までに**用意してもらえますか。

複合助詞
より正確にニュアンスを伝える

～と＋α

との　とは　かと　のと　へと

1 ～との① 成分　引用を表す格助詞「と」＋格助詞「の」

機能 文を引用して名詞を修飾する

1 森社長から電話があり、少し遅れる**との**ことでした。

2 折り返し電話がほしい**との**メモだった。

3 A社から協力してほしい**との**依頼を受けた。

公式 → 文を引用して後に続く名詞を修飾します。「という N」に置き換えられますが、「という」よりも書き言葉的です。

※会話ではあまり使いませんが、「こと」を付けて改まった感じの報告には使うことがあります。

O 父から、急いで家に帰るように**との**連絡が来た。

O 父から、急いで家に帰るように**という**連絡が来た。

〈秘書から上司に〉

O 社長からお電話がありまして、手が空き次第、社長室に来るように**との**ことでした。

O 社長からお電話がありまして、手が空き次第、社長室に来るようにということでした。

2 ～との② 成分　動作・関係の対象、比較の基準を表す格助詞「と」＋格助詞「の」

機能 名詞をつくる

1 親**との**約束

2 外国**との**交流

3 取引先**との**打ち合わせ

公式 → 動作を共にする相手、動作・関係の対象、比較の基準を表す格助詞「と」に、格助詞「の」が付いたもので、後に動作性のある名詞がつきます。

O 友達**との**待ち合わせ
O 10年前**との**比較
O 控え選手**との**交替

3 〜との③ 成分 並列助詞の「と」＋格助詞の「の」

機能 いくつかの事柄を列挙する並列助詞の「と」に格助詞の「の」がついたもので、後ろには名詞がつく。

1 日本とアメリカ**との**時差
2 ブラジルとドイツ**との**試合
3 A国とB国**との**問題

公式 → 「と」が省略されることが多く、「と」を入れると改まってやや強調したような感じになります。

O 彼と私**との**関係には、何の問題もなかった。
O 彼と私の関係には、何の問題もなかった。
O 駅と自宅**との**間に、コンビニが3軒ある。
O 駅と自宅の間に、コンビニが3軒ある。

4 〜とは 成分 引用を表す格助詞「と」＋副助詞「は」

文を引用して、後ろで結論を述べる

1 たった半年で会社をやめる**とは**、がっかりだ。
2 こんなに小さい子が演奏していた**とは**、驚いた。
3 あの二人が夫婦だった**とは**、知りませんでした。

公式 → 引用を表す格助詞「と」に、副助詞「は」が付いたもので、後ろに主節の述部が続き、結論が述べられます。
親しい人との会話では「なんて」に置き換えることができ、後には話者の感情を表す文が続くことが多いです。

- O 全然勉強しなかったのに100点を取る**とは**、驚いた。
- O 全然勉強しなかったのに100点を取る**なんて**、びっくりしたよ。
- O お年寄りをだまして大金を奪う**とは**、ひどい事件ですね。
- O お年寄りをだまして大金を奪う**なんて**、ひどい事件ですね。

5 ～かと　成分　終助詞「か」＋引用を表す格助詞「と」

機能 文を引用して一定の判断を表す

1. 先生に相談しよう**かと**思います。
2. そろそろ引退しよう**かと**思っています。
3. 延期したほうがいい**かと**思います。
4. どこに旅行に行こう**かと**、友達と話していました。

公式 → 引用した内容を確かめ、自分自身に言い聞かせる意味を表す終助詞「か」に、さらに引用を表す格助詞「と」がついたもので、後には「思う／考える／言う」などの動詞が続きます。引用した内容が話者以外の行動である場合、断定していないので控えめな口調になります。

- O コーヒーでも飲もう**かと**思って、お店に入った。
（自分に言い聞かせる感じ）
- O コーヒーでも飲もうと思って、お店に入った。
（「飲もうか」よりも意志が強い感じ）
- O 先生は遅れても出席される**かと**思います。
（断定していない、控えめな感じ）
- O 先生は遅れても出席されると思います。（断定しているので強い感じ）

6 ～のと　成分　並列助詞「の」＋引用を表す格助詞「と」

機能 文を引用して一定の判断を表す

1. 彼は、暑いだ**の**、寒いだ**のと**、文句ばかり言う。
2. 行きたい**の**、行きたくない**のと**、言うことがコロコロ変わる。

3 これは好きだ**の**、嫌いだ**のと**、彼女はわがままが過ぎる。

公式 ➜ 並列助詞「の」に引用を表す格助詞「と」が付いたもので、「～の～のと」の形をとり、後には「思う／考える／言う」などの動詞が続きます。「～だの～だの」に置き換えられます。

O 彼は進学する**の**しない**のと** 2 か月も迷って、結局、帰国してしまった。
O 彼は進学するだ**の**しないだ**のと** 2 か月も迷って、結局、帰国してしまった。

O 彼は、この会社は給料が安い**の**、残業が多い**のと**文句を言っている。
O 彼は、この会社は給料が安いだ**の**、残業が多いだ**のと**文句を言っている。

7 ～へと　成分　動作・作用の対象を表す「へ」＋結果を表す「と」

機能 目指す方向を表す

1 彼は、駅のほう**へと**走って行った。
2 こうした職人の技術は、若い世代**へと**引き継がれています。
3 国内から海外**へと**、事業の対象を広げた。

公式 ➜ 動作・作用の方向や向けられる相手を表す格助詞「へ」に、動作の結果を表す格助詞「と」が付いたものです。「へ」は「に」に言い換えられることが多いですが、この場合は言い換えられず、「と」が省略されることも多いです。

O 船は西**へと**向かった。
X 船は西**にと**向かった。
O 船は西**へ**／**に**向かった。

O 国民の不満が総理大臣**へと**向けられた。
X 国民の不満が総理大臣**にと**向けられた。
O 国民の不満が総理大臣**へ**／**に**向けられた。

65

複合助詞
より正確にニュアンスを伝える

～の＋α

のか　のと　のに　のは　のも

1 ～のか　成分　準体助詞＊「の」＋断定の助動詞「だ」

＊さまざまな体言や活用語に接続して、その語句や文に名詞のような働きを持たせる（名詞化）もの。

機能 文を引用して疑問の気持ちを表す

1 彼が今どこにいる**のか**、誰も知りません。

2 何について話し合う**のか**、まだ決まっていません。

3 どうしてこんな事故が起きた**のか**、原因究明が待たれる。

公式1

→ 原因・前提・主張などを解説的に表す文に疑問・質問を表す副助詞「か」が付くときに、「だ」が抜けたものと考えられます。後には「わかる／知る／考える／話す」などの動詞が続きます。

→「疑問詞＋か」「～かどうか」と同様、疑問詞がある場合は「＋のか」、ない場合は「～のかどうか」になります。

O 何をしたらいい**のか**、わからない。（「いいか」よりも説明的）
X 何をしたらいいのだか、わからない。
O 何をしたらいい**か**、わからない。

O ちゃんと鍵を閉めた**のかどうか**、覚えていない。
X ちゃんと鍵を閉めたのだかどうか、覚えていない。

公式2

→ 会話では、文法的に正しくありませんが、「かどうか」を省いた形も使われています。

O ちゃんと鍵を閉めた**かどうか**、覚えていない。
? ちゃんと鍵を閉めた**のか**、覚えていない。（会話では使われている）

公式3

→ また、「疑問詞1＋か、疑問詞2＋か」の形もよく使われます。

O 昨日**どこへ**行った**のか**、**誰に**会った**のか**、話してください。
X 昨日どこへ行ったのだか、誰に会ったのだか、話してください。
O 昨日**どこへ**行った**か**、**誰に**会った**か**、話してください。

2 〜のと

成分　名詞化する準体助詞「の」
＋比較の基準を表す格助詞「と」

機能 文を名詞化して二つの選択肢を示す

1 赤い**のと**白い**のと**、２種類あります。

2 自分でやる**のと**店でやってもらう**のと**、どっちにする？

3 温かい**のと**冷たい**のと**、どちらになさいますか。

公式

➜ 普通形の文について、その内容を名詞化する「の」に、比較の基準を表す格助詞「と」が付いたもので、比較の対象になる物事を表します。

➜ 次のA、Bのように２回繰り返すのが基本形ですが、Cのように２つめの「と」が抜けることもあります。

O A　海へ行く**のと**山へ行く**のと**、どっちが好きですか。
O B　海へ行く**のと**山へ行く**のとでは**、どっちが好きですか。
O C　海へ行く**のと**山へ行く**のでは**、どっちが好きですか。

O A　暑い**のと**寒い**のと**、どっちががまんできますか。
O B　暑い**のと**寒い**のとでは**、どっちががまんできますか。
O C　暑い**のと**寒い**のでは**、どっちががまんできますか。

3 〜のに

名詞化する準体助詞「の」＋目的を表す格助詞の「に」

機能 文を引用して目的・用途を表す

1 この箱は、荷物を送る**のに**ちょうどいい。

2 手紙を書く**のに**３時間もかかった。

3 中に入る**のに**チケットが要る。

公式 1

➜ 普通形の文に付いてその内容を名詞化する準体助詞「の」に、目的を表す格助詞「に」が付いたもので、目的や用途を表します。

➜ 用途を表すことばが名詞であれば、「の」を入れずに直接「に」が付けられます。

O 貯金は、家を買う**のに**使うつもりだ。
X 貯金は、家を買うに使うつもりだ。
O 貯金は、旅行**に**使うつもりだ。
O スマホは、漢字の勉強をする**のに**便利です。
X スマホは、漢字の勉強をするに便利です。
O スマホは、漢字の勉強**に**便利です。

公式 2 → 「のに」は「ために」に言い換えられることが多いですが、「ために」は目的の意味が強く、「のに」に置き換えられない場合があります。

O 車は、子供を送っていく**のに**必要だ。（用途）
O 車は、子供を送っていく**ために**必要だ。（目的）
O 生きる**ために**働いている。（目的）
X 生きる**のに**働いている。

4 ～のは
成分　名詞化する準体助詞「の」＋主題を表す副助詞「は」

機能 文を引用して名詞化して、話題として示す

1. 驚いた**のは**、その品質の良さです。
2. 気になる**のは**、その点です。
3. わからない**のは**この部分です。
4. 初めて会った**のは**去年の秋です。

→ 普通形の文に付いてその内容を名詞化する準体助詞「の」に、主題を表す副助詞「は」が付いたもので、取り立てて強調する意味を表します。
「の」は、後に続く文の内容によって、いろいろな名詞に置き換えることができます。

O 一番早く来た**のは**、山田さんです。
（「山田さん」は「人」 ➡「一番早く来た人は」）
O 私が行きたい**のは**、沖縄です。
（「沖縄」は　場所／所 ➡「私が行きたい所は」）

O 一番いい**のは**、彼が自分で間違いに気づくことです。
O 一番いい**ことは**、彼が自分で間違いに気づくことです。

公式2 → **「のは」の前が主題になっていて、文の重点は後半に置かれます。**

O このケーキを作った**のは**、森さんです。（「森さん」に重点がある）
O 森さんはこのケーキを作りました。
（ケーキを作ったという事実に重点がある）

O 仕事を辞めた**のは**、体を壊したからです。
（体を壊したという理由に重点がある）
O 体を壊したので、仕事を辞めました。
（仕事を辞めたという事実に重点がある）

5 ～のも

成分　名詞化する準体助詞「の」＋添加を表す副助詞「も」

機能 文を引用して、判断や評価などを表す

1 富士山は登ったことがありません。見る**のも**初めてです。
2 生で食べる**のも**おいしいですよ。
3 温泉旅館でのんびりする**のも**悪くない。

公式1 → **普通形の文についてその内容を名詞化する準体助詞「の」に、添加を表す副助詞「も」が付いたものです。重ねて言う場合は、１つめから「のも」になります。**

O サッカーは、見る**のが**好きだ。（やるのは好きではないという意味を含む）
O サッカーは、見る**のも**好きだ。（やるのも好きだという意味を含む）

O 腰が痛くて、歩く**のも**つらい。
O 何もないところで、飲み物１つ買う**のも**一苦労だ。
O すごく忙しい人なので、連絡をとる**のも**難しい。

O ここで会った**のも**何かの縁だと思う。

O サッカーは、見る**のも**やる**のも**好きだ。
× サッカーは、見る**のが**やる**のも**好きだ。

O 休みは出かける**のも**いいし、家でのんびりする**のも**いい。
✕ 休みは出かける**のが**いいし、家でのんびりする**のも**いい。

公式 2

→ 容易なこと、レベルの低いことを取り上げ、後半に続く否定的な言葉を強調します。
→「〜のさえ／〜ことさえ」に置き換えることができます。

O 夫にひどいことを言われた。もう、彼の顔を見る**のも**嫌だ。
O 夫にひどいことを言われた。もう、彼の顔を見る**ことさえ**嫌だ。

O 今日は何もしたくない。お風呂に入る**のも**面倒だ。
O 今日は何もしたくない。お風呂に入る**のさえ**面倒だ。

公式 3

→「も」は「ほかと同じように」というニュアンスを含み、「当然だ、自然なことだ、無理もない」など、肯定的な解釈や判断を述べることが多いです。

O 彼女が怒る**のも**、無理はない。
O 辛かったら、逃げてしまう**のも**一つの方法だ。
O 思い切ってやってみる**のも**、悪くない。

公式 4

→「の」が「〜に所属する物」という意味を表し、「も」が「ほかにも同様のものがある」という意味を加えます。

O 私のスマホは日本製です。母**のも**そうです。
O 昨日の服も素敵だったけど、今日**のも**いいね。

複合助詞
より正確に
ニュアンスを伝える

は＋α

かは　ては　では　とは　には　のは　からは　よりは

1　〜かは

成分　疑問・質問を表す終助詞「か」
＋取り立てを表す副助詞「は」

機能　文を引用して確信をもって判断できないことを表す

1 彼が何て言った**かは**わからない。

2 何が勝敗を分けた**かは**、これから分析します。

3 どこに行く**かは**、まだ決めていません。

公式1 → ある事柄について「確かなことは言えない、わからない」ということを述べるときに使います。「かは」の後に「わかる／知っている／考えている」などの述語が続きます。よく使われる表現に「〜かどうかは」があります。

「は」があるため、【A以外ならわかることもある（かもしれない）が、Aはわからない】という含みのある文になります。

O おいしい**かどうかは**、食べてみないとわからない。

O 引き受けてもらえる**かどうかは**、わかりません。

公式2 → 「は」に代わり「が」の場合（⇒「〜かが」）、「Aということがわからない。ほかのことは念頭にない」という意味になります。

O どうして娘が家を出て行った**かは**わからない。（家出の理由はわからないが、それ以外については何かわかるかもしれない場合）

O どうして娘が家を出て行った**かが**わからない。（家出の理由だけを考えて、わからない場合）

2　〜ては、〜では ①

成分　接続助詞「て」（Vて形）
＋取り立てを表す副助詞「は」

機能　ある事柄の後に他の事柄が続く様子を表す

1 やっ**ては**みますが、あまり期待しないでください。

2 誘っ**ては**みるが、来てくれるかはわからない。

3 読ん**では**みたが、私には難しすぎて、よくわからなかった。

公式 ➔「AてはB」の形で、Aに続いてBが起こる様子を表します。
「は」があるため、「Aだけはしたが、他のことはしたわけではない」という含みのある文になります。
「～てみる」「～ている」「～てくる」のようなて形接続の文型の、「て」の後に「は」が入る形になります。

O 母に相談し**ては**みたが、何も解決しなかった。
（Aはしたが、期待した結果は得られなかったという含みがある）

O 母に相談し**て**みたが、何も解決しなかった。
（相談したということだけを述べている）

O 両親は元気にし**ては**いる。（元気だが、何か問題があるという含みがある）

O 両親は元気にし**て**いる。（元気だということだけを述べている）

O 毎日薬を飲ん**では**いるが……。
（飲んでいるが、効いていないという含みがある）

3 ～ては、～では②

成分　接続助詞「て」（Vて形）＋繰り返しを表す副助詞「は」

機能 二つの動作が順番に繰り返される様子を表す

1 書い**ては**消し、消し**ては**書いて、自分の気持ちを手紙に書いた。

2 昨夜は寝苦しくて、寝**ては**起き、起き**ては**寝て、熟睡できなかった。

3 勝っ**ては**負け、負け**ては**勝っての繰り返しで、なかなか調子が上がらない。

公式 ➔ 二つの動作は逆の意味を持っていて、二つで一組になっています。
一組を２回繰り返して言うこともあります。

O 浜辺に座って、寄せ**ては**返す波を見ていた。

X 浜辺に座って、寄せ**て**返す波を見ていた。

O 彼はさっきから、メールを書い**ては**消し、消し**ては**書いていて、全然送っていない。

X 彼はさっきから、メールを書い**ては**消し、消し**て**書いていて、全然送っていない。

O 彼はさっきから、メールを書い**ては**消し、書い**ては**消しの繰り返しで、全然送っていない。

4 ～ては、～では ③ 成分　接続助詞「て」＋副助詞「は」

機能 条件を仮定した判断を表す

1 彼を助けるために言っているのに、文句を言われては心外だ。

公式1 → ある条件が成立した場合はどうか、判断を述べます。心配、不都合な内容を表す動詞・形容詞に「て」が続きます。

- O けが人が出**ては**大変だから、十分注意してください。
  （けが人が出たらという仮定）
- O けが人が出**て**大変だから、サポートに行ってきます。
  （けが人が出たので、という理由）
- O 病気になってしまっ**ては**、日本にいる意味がないよ。
  （病気になってしまったら、という仮定）
- O 病気になってしまっ**て**、帰国しなければならなくなった。
  （病気になってしまったので、という理由）

公式2 → 強い感情を引き起こす原因となる条件を示します。

- O そんなひどいことを言われ**ては**、黙っていることはできない。
  （「たら」よりも強い感じ）
- O そんなひどいことを言われ**たら**、黙っていることはできない。

公式3 → 必ずいつも同じ結果になる場合の条件を表します。「～と」に近いです。

- O 練習をさぼってい**ては**、優勝なんてできない。
- O 練習をさぼってい**る**と、優勝なんてできない。
- O こんなに寒く**ては**、外で運動はできない。
- O こんなに寒い**と**、外で運動はできない。

5 ～では

成分　格助詞「で」＋取り立ての副助詞「は」

機能 ある特定の場所や時間などを取り立てて条件にする

1 この本は厚いので、１日**では**読めない。

2 バス**では**間に合わないから、タクシーに乗ろう。

3 大学**では**、趣味のバンド活動にも力を入れました。

公式 → **場所・時・基準・状態・手段などを取り立てて条件にするときに使われます。「は」があるので、対象を限定したり強調したりするニュアンスが含まれます。**

- ○ 家**では**お酒を飲まない。（ほかの場所では飲むことを示唆している）
- ○ この仕事は一日**では**仕上げられない。
  （どれくらいで仕上げられるか、が問題になる）
- ○ メール**では**連絡した。（ほかの方法では連絡していない）
- ○ 受験勉強**では**苦労した。（ほかの理由では苦労していない）

6 ～とは

成分　動作・関係の対象を表す助詞「と」
＋取り立ての副助詞「は」

機能 動作・関係の対象を取り立てて示す

1 彼女**とは**高校以来の付き合いです。

2 そもそも、彼**とは**立場が違う。

3 最初のサンプル**とは**、デザインがちょっと違います。

公式1 → **動作・関係の対象を取り立てて示すときに使われます。**

- ○ 娘**とは**よく一緒に食事をします。（ほかの人はさておき、という含みがある）
- ○ 娘**と**よく一緒に食事をします。（娘のことだけを考えている）

公式2 → **比較の基準を表すときにも使われます。**

- ○ 今は昔**とは**違って、子供もスマホを持っている。
- ○ 今は昔**と**違って、子供もスマホを持っている。

O うちの車は、君の**とは**比べものにならない。
O うちの車は、君の**と**比べものにならない。

公式3 → 定義や本質について述べるときに使われます。「～というものは」に言い換えられます。

O 親**とは**、子供のためなら何でもできるものです。
O 親**というものは**、子供のためなら何でもできるものです。
O 会社組織**とは**、誰が抜けてもやっていけるようにつくられている。
O 会社組織**というものは**、誰が抜けてもやっていけるようにつくられている。

公式4 → 話し手にとって衝撃的な出来事や事実を述べた文に続き、驚きや動揺、感動などの気持ちを表します。後には「知らなかった」「思いもしなかった」「信じられない」などの言葉が続きますが、省略されることも多いです。

O こんなにひどい状態になっている**とは**。(予想もしなかった)
O まさか妹の恋人が君だった**とは**。(信じられない)

7 ～には　成分　接続助詞「に」＋取り立ての副助詞「は」

機能 ある動作・行為・状態などを取り上げて、判断や評価などを述べる

1 寝る**には**まだちょっと早い。
2 先生と同じよう**には**できない。

公式1 → 普通形に接続して、取り上げた動作・行為や状態などについての判断や評価、説明などを述べます。

O 友達が言う**には**、私は保守的らしいです。
O わざわざお出でくださる**には**及びません。

公式2 ➔「～には～が」の形で、動詞・形容詞を繰り返して使います。
※「～ことは～が」に置き換えることができます。
「一応、ある事柄は成立したが、その結果には満足していない」ということを表します。

O 彼の家へ行く**には**行ったが、留守で会えなかった。
O 彼の家へ行く**ことは**行ったが、留守で会えなかった。
O この部屋は条件がいい**には**いいが、家賃が高すぎる。
O この部屋は条件がいい**ことは**いいが、家賃が高すぎる。

8 ～のは

成分　名詞化をする準体助詞「の」＋取り立ての副助詞「は」

機能 文などを名詞化して主題にする

1 一番困っている**のは**、水が全然足りないことです。
2 私が興味をもっている**のは**、彼らの活動の動機です。
3 日本語が難しい**のは**、文字のシステムが複雑だからです。

公式1 ➔「の」を付けて作った名詞句を主題にするときに使います。

O 一番おいしい**のは**どれですか。
O 宿題を忘れた**のは**、１人だけでした。

公式2 ➔「の」を付けて、「所有者の物」という意味にした名詞句を主題にするときに使います。

O 山田さん**のは**、あの赤いのです。
O 弟**のは**、今田中さんが持っています。

9 ～からは

成分　格助詞「から」＋副助詞「は」

機能 その時点・地点からという意味を強める

1 車が通れないので、ここ**からは**歩きになります。
2 ５月１日**からは**、クールビズでお願いします。

3 夜7時**からは**中に入れなくなります。

公式 ➔「Aから」に「は」を添えることで、「Aから」という意味を強めます。

O 今日**からは**、正社員として頑張ります。
O 駅**からは**歩いて10分程度です。
O 研修期間も終わったので、ここ**からは**自分だけの力でやってください。
O 私**からは**何も言うことがありません。

10 〜よりは　成分　格助詞「より」＋副助詞「は」

機能 比較の対象を強調する

1 安い店だったが、思った**よりは**おいしかった。
2 ホテルの部屋は、写真で見る**よりは**きれいだった。
3 工場長は、見た目**よりは**ずっとやさしい人です。　⇒ p.217「よりも」参照

公式1 ➔「より」の比較の対象を限定し強調するときに使います。

O 試験は、思った**よりは**簡単だった。
（思っていたほど難しくなかったが、「簡単だったわけではない」という意味を含む）

O 試験は、思った**より**簡単だった。
（思っていたほど難しくなった、という意外性のみ）

公式2 ➔ ほかと比べて評価や優先度が低いことや、妥当性を欠くことを表します。何かを選択する際、選ばない判断をするときに使います。「〜のではなく」に言い換えることができます。

O 痩せたいなら、薬を飲む**よりは**食べる量を減らしたほうがいい。
O 彼の差別的な発言を聞いて、腹が立つという**よりは**悲しくなった。
O 私は、仕事**よりは**家族と過ごす時間を大切にしたい。

複合助詞
より正確に
ニュアンスを伝える

～も＋α

ても　でも　とも　のも　をも　よりも

1 ～ても

⇒ p.91「28 ～ても」参照

2 ～でも

⇒ p.134「44 ～でも」参照

3 ～とも

成分　格助詞「と」＋添加の意味を表す副助詞「も」

機能1 文を引用して、内容の追加を表す

1 城には抜け道があった**とも**言われている。

2 私からは貸してください**とも**言えなかった。

3 定員になり次第、受付終了**とも**書かれている。

公式1 → 引用を表す「と」に「も」を添えて、「～」にも及ぶことを表します。

O 確かに、そう**とも**考えられる。

O 伝説の中では、彼はお姫様と結婚した**とも**、両親の家に帰ったとも言われています。

機能2 動作・行為の対象が他にも及ぶことを表す

1 先生**とも**相談しました。

2 K大学**とも**、一度試合をしたことがある。

3 彼の言い方だと、YES **とも** NO **とも**とれる。

公式2 → 動作を一緒にする相手を表す「と」に「も」を添えて、同様のことがほかにもあるという意味を足します。

O 家族**とも**話して、そうすることに決めました。

O 子供の頃は、父親**とも**一緒に晩ご飯を食べていた。

4 ～のも

⇒ p.207「5 ～のも」参照

5 ～をも　成分　格助詞「を」＋副助詞「も」

機能 動作・行為の対象を強調する

1 死**をも**恐れない勇敢な人たちには、本当に頭が下がる。

2 大臣の不祥事は、国会**をも**混乱させた。

3 彼の作品は、王室や貴族の人々**をも**魅了した。

公式 → **「を」の対象を際立たせたいときに使われます。会話では、「を」を省略して「も」だけ使う場合が多いですが、「を」があるほうがさらに強調された感じになります。**

O 彼は、長年の親友**をも**裏切った。
O 彼は、長年の親友**も**裏切った。

O A国で内戦が起こり、隣国**をも**巻き込む戦争に発展した。
O A国で内戦が起こり、隣国**も**巻き込む戦争に発展した。

6 ～よりも　成分　格助詞「より」＋副助詞「も」

機能 判断基準としての比較部分の意味を強調する

1 ここ**よりも**むこうのほうが静かです。

2 駅前は、昔**よりも**だいぶ賑やかになった。

3 パソコンについては、私**よりも**彼女のほうが詳しいです。

公式 → **判断の基準となる「Aより～だ」の形で示される「Aより」の部分を強調します。**

O 大学生になって、高校生の時**よりも**自由になった。
（「高校生の時より」の強調）

O 大学生になって、高校生の時**より**自由になった。

O 大学生になって、高校生の時**よりは**自由になった。
（「高校生の時は自由ではなかったが、大学生になって少し自由になった」という意味が含まれる）

複合助詞
より正確にニュアンスを伝える

文末

かな　かなあ　かね　かねえ　よね　のか　のね

1 ～かな　成分　終助詞「か」＋終助詞「な」

機能1 心配や疑問を表す

1 お金、足りる**かな**。

2 次の交差点を右**かな**。

3 このビデオカメラ、壊れてない**かな**。

接続 普通形＋かな　名詞・な形容詞-~~だ~~＋かな

公式1 → 心配や疑問に思っていることを表します。独り言で使われる場合が多いです。
聞き手がいる場面では、聞き手が答えられることであれば、答えてほしいと思っています。

○ 私にできる**かな**。
○ A：彼女、一人で大丈夫**かな**。
B：大丈夫だよ。
○ A：明日、晴れる**かな**。
B：天気予報、見てみるよ。

機能2 質問を表す

1 A：アンティチョークって野菜、知ってる**かな**。
B：はい。花のつぼみですよね。

2 A：森さんはもう、宿題提出した**かな**。
B：いえ、まだです。

3 A：京都に行ったことある**かな**。
B：はい、あります。

公式2 → 上の者が下の者に尋ねるときに使う場合が多いですが、対等な立場の者同士で使う場合もあります。

○ A：お湯、沸いた**かな**。
B：沸いてるよ。

○ A：土曜日も学校に入れる**かな**。
　B：入れるはずだよ。
○ A：この服、どう**かな**。
　B：いいんじゃない。

機能3 依頼したり許可を求めたりする

1 ちょっと聞いてもいい**かな**。
2 明日まで待ってもらえない**かな**。
3 ついでにこれをポストに出してくれない**かな**。

公式3 → 親しい間で何かを頼むときに使われ、疑問や心配する気持ちを含み、軽く問う形をとった表現です。

○ A：この記事、10部コピーしてくれない**かな**。
　B：わかりました。
○ A：ちょっと辞書を貸してもらえない**かな**。
　B：いいですよ、どうぞ。
○ A：お腹すいた。これ、1個食べてもいい**かな**。
　B：どうぞ。

機能4 独り言のような形で話し手の願望を表す

1 早く春が来ない**かな**。
2 宝くじが当たらない**かな**。
3 何かいいことない**かな**。

公式4 → 否定疑問文（「～ないかな」の形）で話し手の願望を表します。気軽な雰囲気の中でよく発話されます。

○ むこうで田中さんに会えない**かな**。
○ もっと簡単にできない**かな**。
○ 誰か手伝ってくれない**かな**。

機能5 理解できない、納得いかない気持ちを表す。

1 目の前でお年寄りが立っているのに、普通、座る**かな**。↘

2 結婚式に着る服としてあれはどう**かな**。↘

3 いくら冗談だからと言って、女性に対してあんなこと言う**かな**。↘

公式5 → 応答を求めるものではありません。常識や規範に照らし合わせて、納得できないという話し手の感情を表します。多くの場合、独り言、心内発話で使われます。下降イントネーションをとります。

- ○ 上司に対してあんな態度をとる**かな**。↘
- ○ 買ったばかりなのに、こんなにすぐに壊れる**かな**。↘
- ○ 急いでいるからと言って、こんな時間に電話する**かな**。↘

機能6 不確かであることを表す

1 家に戻るのは7時頃**かな**。

2 A：結果はいつわかるの？
B：来週の木曜日ぐらい**かな**。

3 A：今晩、誰が来るの？
B：田中と佐藤**かな**。

公式6 → 質問を受けた時点では確定していないことや、過去の記憶で不確かなことを述べます。

- ○ A：昨日、何人ぐらい集まった？
  B：30人くらい**かな**。
- ○ A：今回のワールドカップはどこでやってるの？
  B：フランス**かな**。

機能7 断定を避ける

1 明日からまた頑張ろう**かなと思います**。

2 バスで行こう**かなと思います**。

3 授業が再開されて、よかった**かなと思います**。

公式7 → 本来は「～と思います」「よかったです」「残念です」と言ってしかるべき内容・状況でも、あえて断定を避けて、軽い調子にします。「～かなと思う」の形がよく使われます。

○ 経験を積むことが課題**かなと思っています**。
○ 優勝できなかったのはちょっと残念**かなと思いました**。

2 ～かなあ　成分　終助詞「か」＋終助詞「な」

機能 心配や疑問を少し感慨を込めて表す

1 今から行って間に合う**かなあ**。
2 スマホ、どこに置いた**かなあ**。
3 プレゼント、何にしよう**かなあ**。

公式 → 「かな」と意味はほとんど変わりませんが、いくぶん感慨を込めた感じになります。ただし、機能2の用法については「かなあ」に置き換えることができません。

○ 一人でできる**かなあ**。
○ 早く春が来ない**かなあ**。
○ 上司に対してあんな態度をとる**かなあ**。
○ 家に着くのは7時頃**かなあ**。

3 ～かね　成分　疑問を表す「か」＋確認を表す「ね」

接続 普通形＋かね　名詞／な形‐~~だ~~＋かね　丁寧体＋かね

機能 疑問や質問を表す

1 参加者は50人くらいです**かね**。
2 皆さん、もうお待ちです**かね**。
3 それは本当**かね**。

公式1 → 疑問、質問のニュアンスをやわらげます。普通体にも丁寧体にも接続します。
「普通体＋かね」は主に年配の男性が、立場が下の人に対して使う表現です。

- お店、予約したほうがいいです**かね**。
- 顔色がよくないようだけど、風邪をひいているの**かね**。

公式2 → 詰問や非難を表すときに使います。

- いつ用意できるの**かね**。（←上司が直接Aに）
- いつ用意できるん**ですかね**。（←Bが上司との会話の中で、Aについて）
- 何が原因だったの**かね**。（←上司が直接Aに）
- 何が原因だったん**ですかね**。（←Bが上司との会話の中で、Aについて）

4 ～かねえ　成分　疑問を表す「か」＋確認を表す「ね」

接続　普通形＋かねえ　名詞/な形-~~だ~~＋かねえ　丁寧体＋かねえ

機能1 確信を持てない気持ちや迷いを表す

1. 誰に頼めばいい**かねえ**。↘
2. 1時間で足りる**かねえ**。↘
3. 場所はどこがいいです**かねえ**。↘

公式1 → 自分の中で、やや疑いながら確認するニュアンスがあります。上の立場の人に対して使うこともできます。下降イントネーションをとります。

- A：それは本当かね。
  B：どうです**かねえ**。↘
- 日程は決まったんです**かねえ**。↘
- こちらでよろしいでしょう**かねえ**。↘

機能2 願望を表す

1 何かいい方法はない**かねえ**。

2 もうちょっと安くならない**かねえ**。

3 明日、晴れないです**かねえ**。

公式2 ➔「かなあ」は普通体にしか接続しませんが、「かねえ」は丁寧体にも接続します。いく分柔らかい調子になり、聞き手への配慮を感じさせる表現です。

- ○ 雨が上がらない**かねえ**。
- ○ 雨が上がりません**かねえ**。
- ○ Ａ社が引き受けてくれないです**かねえ**。

5 ～よね　成分　終助詞「よ」＋終助詞「ね」

接続 普通形＋よね　名詞 / な形 - だ＋よね　丁寧体＋よね

機能1 相手と情報や認識を共有する

1 この店のコーヒー、ほんとにおいしい**よね**。

2 会議は３時半からだった**よね**。

3 田中さんの言うとおりだ**よね**。

公式1 ➔ 自分の認識が正しいか、確認します。相手と同じ情報や認識を共有するための表現です。

- ○ Ａ：私の傘、ちょっと重いんだ**よね**。
  Ｂ：ほんとだ。
- ○ このお寺は有名だ**よね**。
- ○ あそこにレストランがあった**よね**。

公式2 ➔ 名詞・な形容詞に接続する場合、「だ」を省いた文は、主に女性が使います。

- ○ あのお寺は有名よね。

機能2 相手の既知情報を活性化する

1 今日が初めてです**よね**。では、こちらにお名前をお書きください。

2 山下さんです**よね**。お待ちしておりました。

3 アカウントはお持ちです**よね**。じゃ、まず、ログインしてください。

公式3 → **本題に入る前に、聞き手の既知情報を確認します。**

> ○ あそこに郵便局があります**よね**。その少し先に交番があります。
> ○ スマホは目が疲れる**よね**。だからあまり長い時間使うのはよくないよ。

6 ～のか　成分　準体助詞「の」＋疑問を表す助詞「か」

接続 普通形＋のか　名詞 / な形 - な・だった＋のか

機能1 気づきや事実の判明を表す

1 彼女が片づけてくれた**のか**。↘

2 受付、ここじゃなかった**のか**。↘

3 なんだ、そうだった**のか**。↘

公式1 → **それまでわからなかったことが判明したときなど、軽い驚きとともに述べます。下降イントネーションをとります。**

> ○ なんだ、風の音だった**のか**。↘　猫でもいるんじゃないかと思ったよ。
> ○ 帰っていた**のか**。↘　暗いから誰もいないと思ったよ。
> ○ なんだ、負けた**のか**。↘　残念。

機能2 驚きや心配する気持ちなどとともに質問を表す

1 ここまで歩いてきた**のか**。↗

2 道が細くなるけど、ほんとにこっちでいい**のか**。↗

3 彼女はこれを全部一人でやった**のか**。↗

公式2 → ある意外な事実の判明に際し、驚きや疑念、心配する気持ちなどとともに再確認するときの表現です。質問の形で上昇イントネーションをとります。

○ ここに置いてあること、今まで知らなかった**のか**。⤴
○ A：さっきから咳してるけど、風邪でもひいた**のか**。⤴
　B：大丈夫。ちょっとのどがイガイガして……。

機能3 間接疑問を表す

1 何が面白い**のか**、さっぱりわからない。
2 田中さんがどう思っている**のか**、意見を聞きたい。
3 どんなイベントな**のか**、ここに書いてあります。

公式3 → 普通形に接続して間接疑問文を作る表現です。よく使われる定型表現に「疑問詞＋～のか」「～のか～のか」「～のかどうか」があります。

○ これの何がいい**のか**、説明してください。
○ 全部でいくらぐらいかかる**のか**、教えていただけますか。
○ 行く**のか**行かない**のか**、決まったら連絡してください。

7 ～のね　成分　準体助詞「の」＋終助詞「ね」

接続 普通形＋のね　名詞 / な形 - な・だった＋のね

機能1 疑問、確認、念押しを表す

1 チケットは取ってある**のね**。⤴
2 息子さん、もう大学生な**のね**。⤴
3 あ、コンサートはもう始まっている**のね**。⤴

公式1 → 話し手が認識した事柄について、確認、念押しをします。上昇イントネーションをとります。

○ これでいい**のね**。じゃ、注文するよ。⤴
○ 急いでいる**のね**。わかった。ちょっと待って。⤴
○ 夕飯は外で食べる**のね**。⤴　わかった。

機能2 納得する気持ちを表す

1 なんだ、結局、雨で中止になった**のね**。↘

2 引っ越さないことにした**のね**。↘

3 使用料が必要な**のね**。↘　わかった。

公式 2 → **それまでは知らなかった事情などを改めて了解したり、思っていたことと逆であったとわかったりしたときに使います。下降イントネーションをとります。**

○ ブリとイナダは同じ魚ということな**のね**。↘

○ なんだ、あの二人は兄弟だった**のね**。↘　似てると思ってたよ。

複合助詞
より正確にニュアンスを伝える

その他

として　について　によって　をもって　からには　からこそ

1　～として

成分　格助詞「と」
　　　＋「して」（動詞「する」＋接続助詞「て」）

機能　立場を表す

1 社会人**として**恥ずかしくない行動をしてください。

2 常に会社の代表**として**接客に当たっています。

3 これは歴史的資料**として**大変価値があるものです。

公式 → 「～という立場で」「～の立場から」という意味を表します。

- O 私は留学生**として**日本に来ました。
- O 山田さんは、日本のお父さん**として**私に接してくださいました。
- O 親**として**、子供が悪いことをしたら叱るのが当たり前だ。

2　～について

成分　格助詞「に」
　　　＋「ついて」（動詞「つく」＋接続助詞「て」）

機能　行動や考察などの対象を限定する

1 旅行の計画**について**、みんなで話し合った。

2 今までこの問題**について**考えたことがなかった。

3 お手続き**について**、何かご不明な点はありませんか。

公式1 → 「に関して」に言い換えることができますが、「について」のほうが口語的です。

- O あなたの趣味**について**話してください。
- O 大学院では、主に地震**について**研究をしていました。
- O 新聞社にメールを送って、記事**について**質問した。

公式2 → 数詞について割合を表します。「につき」を使うことが多いです。「あたり」に言い換えることができます。

- O 応募はお一人**について** 1 回限りです。
- O 会議室の使用料は、1 時間**につき** 2000 円です。

3 ～によって

成分　格助詞「に」
　　　＋「よって」（動詞「よる」＋接続助詞「て」）

機能 ある事柄の元になるもの（原因・要因・手段・行為者・観点など）を示す

1 台風**によって**、各地に大きな被害が出ている。

2 会社**によって**、やり方が違う。

3 季節**によって**、いろいろな花が咲く。

公式1 ➔ 要因を表します。「のために」「で」に置き換えることができます。

O この事故**によって**、電車に遅れが生じています。

O 大地震**によって**、たくさんの建物が壊れた。

公式2 ➔ 受け身文で、行為者を表します。

O この映画は、20 歳の監督**によって**作られたものだ。

O 今、大原市長**によって**、開会が宣言されました。

公式3 ➔ 手段・方法を表します。「で」に置き換えることができますが、「で」のほうが口語的です。

O 友達と話すこと**によって**、ストレスを解消している。

O インターネット**によって**、コミュニケーションの方法が大きく変わった。

公式4 ➔ 観点を表します。「その中の一つ一つについて言うと」という意味を表します。

O 人**によって**、考え方が違う。

O この道は、時間**によって**ひどく混みます。

4 ～をもって

成分　格助詞「を」
＋「もって」（動詞「もつ」＋接続助詞「て」）

機能 判断や形式的行為の根拠・基準・手段などを示す

1 当店は今月**をもって**閉店することとなりました。

2 これ**をもって**閉会のご挨拶とさせていただきます。

3 誠意**をもって**対応させていただきます。

公式1 → 物事の期限や区切りを表します。挨拶の定型文などに使われる表現です。格助詞「で」に置き換えることができますが、「で」のほうが口語的です。

○ 本日**をもって**閉店することとなりました。
○ 懇親会は、これ**をもって**終了させていただきます。

公式2 → ビジネスなどの場面で手段や方法、形式を表します。格助詞「で」に置き換えることができますが、「で」のほうが口語的です。

○ この書類**をもって**、正式な契約といたします。
○ お客様への感謝を、笑顔**をもって**表すように従業員を教育しています。

公式3 → 根拠を表すときに使われます。
「によって」や格助詞「で」に言い換えることができます。「で」が最も口語的です。

○ 過去の犯罪歴**をもって**、現在の彼を判断することはできない。
○ この試験の結果**をもって**、合格不合格が決まる。

公式4 → 「～をもって～とする」の形で、判断や認定の対象を表します。格助詞「を」に置き換えることができますが、「を」のみのほうが口語的です。

○ 4月29日**をもって**「昭和の日」とする。
○ 何**をもって**真実とするのか、私にはわからない。

5 ～からには

成分　理由を表す接続助詞「から」
＋格助詞「に」＋強調の「は」

後件の意志・義務・推量・命令・断定を前件の理由・根拠と共に強く示す

1 入学した**からには**、資格を取って卒業するつもりだ。

2 日本に住む**からには**、日本の法律に従わなければならない。

3 一人暮らしをする**からには**、一通りの家事もできるのだろう。

4 約束した**からには**、ちゃんと期日までに返せ。

公式1 ➜ **前件を根拠に後件は当然のこととし、相手に覚悟を迫る表現や話し手の決意を表すことが多いです。**

○ 真実を知られた**からには**、死んでもらうしかない。
○ 発表された**からには**、この計画は必ず成功させるつもりだ。
○ 試合に出る**からには**、勝つことしか考えていない。

公式2 ➜ **「からは」も同じように使うことができますが、硬い表現になります。**

○ 当選した**からは**公約を果たす義務がある。
○ 北海道へ出張で行く**からには**、おみやげにはカニを買ってきてね。
✕ 北海道へ出張で行く**からは**、おみやげにはカニを買ってきてね。

公式3 ➜ **「～する以上は」も同じように使うことができますが、「からには」のほうが強い覚悟や決意を人に迫る表現なので、場面によっては合わないことがあります。**

○ 身分証明書をお持ちでない**以上**、ここでお渡しすることはできません。
✕ 身分証明書をお持ちでない**からには**、ここでお渡しすることはできません。

公式4 ➔「～うえは」も覚悟や決意を述べる表現ですが、「からには」よりさらに厳しい状況や選択肢を示します。

○ 交渉に失敗した。こうなった**うえは**、クビになるのも覚悟している。
○ 二人が愛し合っている**からには**、結婚するのもいいだろう。
× 二人が愛し合っている**うえは**、結婚するのもいいだろう。

6 ～からこそ

成分　理由を表す接続助詞「から」＋強調の副助詞「こそ」

機能 前件を後件の理由として強く示す

1 親が見守ってくれた**からこそ**、いろいろなことにチャレンジできた。
2 この会社に入った**からこそ**、大きな仕事ができている。
3 音楽が趣味だった**からこそ**、今のパートナーと知り合うことができた。

公式 ➔ 動詞の辞書形に続く場合は、「てこそ」と同じように使うことができますが、「てこそ」は成立条件が前件に来ます。そのため、前件が後件の唯一の理由であるという文でしか置き換えることはできません。

○ 本物に触れる**からこそ**、ものの価値が分かるのです。
○ 本物に触れ**てこそ**、ものの価値が分かるのです。
○ 自分自身、傷ついた経験がある**からこそ**、人の痛みもわかるのです。
○ 自分自身、傷ついた経験があっ**てこそ**、人の痛みもわかるのです。

授業用例文集

に＋α

には	❶ これは子どもに**には**言えない話です。
	❷ 明日**には**退院できるでしょう。
	❸ この公園**には**トイレはない。
	❹ 皆様**には**お変わりなくお過ごしのこととお喜び申し上げます。
にも	❶ 何が良くないのか、あなた**にも**わかるでしょう。
	❷ 私の住んでいる町**にも**映画館があります。
	❸ どこ**にも**ごみ箱がない。
	❹ 彼の借金は、1000万円**にも**なっているそうだ。
にさえ	❶ 友だち**にさえ**言えなかった。
	❷ 自分の家**にさえ**帰らなかった。
	❸ その時は、お腹が痛すぎて、トイレ**にさえ**行けなかった。
にしか	❶ 家族**にしか**知らせていない。
	❷ 日本は、東京**にしか**行ったことがない。
	❸ 大学は今、入学試験をしているので、図書館**にしか**入れない。
にすら	❶ 近所の人**にすら**気づかれなかった。
	❷ 祖父は、飛行機**にすら**乗ったことがなかった。
	❸ 当時は、家が貧しくて、高校**にすら**行けなかったそうだ。
にのみ	❶ ごく親しい人**にのみ**知らせました。
	❷ 研修中は、買い物**にのみ**出かけた。
	❸ 彼は金儲け**にのみ**関心がある。
にばかり	❶ 親**にばかり**頼らないで自立しろ。
	❷ すっかり気に入って、最近は、この店**にばかり**来ています。
	❸ 母は私**にばかり**注意をする。
にまで	❶ 親友**にまで**信頼されなくなった。
	❷ 自宅**にまで**マスコミが押しかけた。
	❸ 休みの日**にまで**仕事がずれこんだ。
までに	❶ 来週の月曜日**までに**提出してください。
	❷ 7時**までに**帰ってきてね。
	❸ 梅雨**までに**、冬の衣服や布団を片付けたい。

と＋α

との	❶ 部長から、出張をとりやめて帰国するように**との**連絡があった。
	❷ マンションに住んでいますが、近所の人**との**交流は全然ありません。
	❸ 日本と私の国**との**間には、直行便がありません。

とは	❶ 自分の国で内戦が起こる**とは**、想像もしなかった。 ❷ まだ15歳なのに大人の大会で優勝する**とは**、素晴らしい才能ですね。
かと	❶ 散歩でもしよう**かと**思って家を出たが、雨が降ってきた。 ❷ 今日はいいお天気なので、富士山がきれいにご覧になれる**かと**思います。
のと	❶ 彼女は日本で就職する**の**しない**のと**言っていたが、結局、国に帰った。 ❷ 息子は、今の学校は駅から遠い**の**、食堂のご飯がまずい**のと**文句を言っています。
へと	❶ 大きな希望を抱いて、アメリカ**へと**出発した。 ❷ 彼は商店街を駅**へと**歩いて行った。

の＋α

のか	❶ 日本で何をしたい**のか**、自分でもわからない。 ❷ 一緒に考えたいので、昨日何があった**のか**、話してみてください。
のと	❶ 仕事を決めるとき、休みが多い**のと**給料が高い**のと**、どちらが重要ですか。 ❷ 休みの日は、家でのんびりする**のと**出かける**のと**、どちらが多いですか。
のに	❶ このスプーンは、スープを飲む**のに**使います。 ❷ 漢字を覚える**のに**、何かいい方法があったら教えてください。
のは	❶ うちで一番忙しい**のは**、外で仕事もしている母だと思う。 ❷ 日本に来た**のは**、ビジネスを勉強したかったからです。
のも	❶ 英語は、話す**のも**書く**のも**得意です。 ❷ 毎日店長に叱られて、店長の顔を見る**のも**いやになった。 ❸ 私の自転車は電動で、妹**のも**そうです。

は＋α

かは	❶ どうしてこうなった**かは**わからないが、離婚することになってしまった。 ❷ いつ彼が国へ帰った**かは**、友だちに聞いたらわかるだろう。
ては	❶ 親に頼ん**では**みたが、お金を貸してくれそうにない。 ❷ 作文を書い**ては**消し、消し**ては**書いて、2時間もかかってしまった。 ❸ 事故を起こし**ては**大変だから、雨の日はバイクに乗らないことにしている。
では	❶ 彼は、会社**では**明るくて面白い人だと言われていた。 ❷ 私の今の成績**では**、希望の大学に入れないと先生に言われました。
とは	❶ 彼は私たちとはあまり話さないが、田中さん**とは**よく話しているようだ。 ❷ 大学**とは**、学びたいことを自分で選んで、積極的に学んでいく場所です。 ❸ 昔の恋人が会社の上司になる**とは**。

には	❶ 彼はまだ力不足で、試合に出る**には**ちょっと早い気がする。 ❷ この服は、私が着る**には**ちょっと大きすぎる。
のは	❶ 私のスマホはここにありますが、弟**のは**ありません。 ❷ このクラスで一番若い**のは**、キムさんです。
からは	❶ 来月**からは**、仕事がもっと忙しくなる予定です。 ❷ 日本に来た**からは**、日本の会社に就職して、ビジネスの経験を積みたい。
よりは	❶ 大阪も家賃が高いですが、東京**よりは**ましです。 ❷ 学費のことを考えると、私立**よりは**公立の大学のほうがいい。

も＋α

とも	❶ かつて、このあたりに大量の金銀が埋められた**とも**言われている。 ❷ 今朝、大学の図書館に行ったが、誰**とも**会わなかった。 ❸ 山下さん**とも**知り合いです。
をも	❶ 彼は家族との幸せな生活**をも**犠牲にして、作品を作り続けた。 ❷ 工場から出火して、周りの住宅**をも**巻き込む大火事になった。
よりも	❶ コロナの感染者数が減ってきて、去年**よりも**観光客が増えた。 ❷ 私の国は日本**よりも**ずっと広いが、人口はずっと少ない。

文末

かな

(1) ❶ これからどうしよう**かな**。（疑問・自問）
❷ 春休み、どこに行こう**かな**。（疑問・自問）
❸「A さんは何が好き**かな**。」
「ワインが好きって言ってた。」（疑問）

(2) ❶「作文、書けた**かな**。」「はい、先生、書けました。」
❷「ピカソの絵、見たことある**かな**。」「はい、あります。」
❸「ポレポレっていうスワヒリ語、知ってる**かな**。」
「ううん、知りません。」

(3) ❶「会議室、予約しておいてくれない**かな**。」
「はい、かしこまりました。」（依頼）
❷「今晩、電話してもいい**かな**。」
「うん、いいよ。」（許可）
❸「このお菓子、いただいてもいい**かな**。」
「ええ、どうぞ。」（許可）

(4) ❶ 先日注文した本、早く届かない**かな**。
❷ もっと安くて便利なアプリがない**かな**。
❸ 大雨で、明日の授業なくならない**かな**。

(5) ❶ 友だちにそんなこと言う**かな**。↘
(ふつうは言わないだろう)
❷ お金がないのに外食ばかりする**かな**。↘
(ふつうはしないだろう)
❸ こんなに遅い時間に電話かける**かな**。↘
(ふつうはかけないだろう)

(6) ❶「いつ帰省するの?」「7月か8月ごろ**かな**。」
❷「今晩何食べたい?」「カレー**かな**。」
❸「梅雨はどれぐらい続くの?」「1か月くらい**かな**。」

(7) ❶ 次回はもう少し早く来よう**かな**と思います。
❷ そろそろ行ったほうがいい**かな**と思うよ。
❸ くり返し復習をしたのがよかった**かな**と思います。

かなあ
❶ 一人暮らしできる**かなあ**。
❷ 先月注文した本、早く届かない**かなあ**。
❸ 友だちにそんなこと言う**かなあ**。
❹「いつ帰省するの?」「7月か8月ごろ**かなあ**。」

かね
(1) ❶ 最近、雨が続いていますが、そろそろ梅雨入りです**かね**。
❷ 野菜の値段が高いのは天候のせいです**かね**。
❸ 会議室、開いてる**かね**。

(2) ❶ そんな本、面白い**かね**。
❷ これが大事だっていうことがわかっているの**かね**。
❸ 一体誰に聞けばわかるの**かね**。

かねえ
(1) ❶ 最近、雨が続いていますが、そろそろ梅雨入りです**かねえ**。
❷ 野菜の値段が高いのは天候のせいです**かねえ**。
❸「さくらんぼ狩りはいつがいいんでしょう?」「6月でした**かねえ**。」

(2) ❶ 早くバス来ない**かねえ**。
❷ もうちょっと安くならない**かねえ**。

よね
(1) ❶ この道でいいんです**よね**。
❷「朝飯前」って、簡単って意味だ**よね**。
❸ 冷蔵庫に卵、あった**よね**。

(2) ❶ 前回、この薬を出しました**よね**。全部飲みましたか。
❷ 場所はわかりました**よね**。じゃ、そこに10時に来てください。
❸ 駅ビルが新しくなりました**よね**。そこの3階に図書館ができたそうです。

のか	(1) ❶ 先生はご存じだった**のか**。↘ ❷ こんなに風が強いのは、台風のせいだった**のか**。↘ ❸ そんなことがあった**のか**。↘
	(2) ❶ もう宿題は終わった**のか**。↗ ❷ 午後は雨になる**のか**。↗ ❸ 彼はそれを知っていた**のか**。↗
	(3) ❶ この雨の中、試合をする**のか**しない**のか**、まだ連絡が来ない。 ❷ これでよかった**のか**、もっといい方法があった**のか**、今はまだわかりません。 ❸ どうしてずっと留守な**のか**、誰もわかりません。
のね	(1) ❶ 欠席の連絡はもうしてある**のね**。↗ ❷ この部屋、暑いけど、これでも冷房つけてある**のね**。↗ ❸ 病院には行った**のね**。↗それでも、まだ痛いんだ。
	(2) ❶ 死んだように眠っていたけど、相当疲れていた**のね**。↘ ❷ 人が多いと思ったら、コンサートがあった**のね**。↘。 ❸ 仲がいいと思ったら、恋人同士だった**のね**。↘

その他

として	❶ 私は子供たちの母親**として**、できるだけのことをしてきました。 ❷ 店長**として**、社員やアルバイトを教育するのは当然のことだ。
について	❶ 亡くなった鈴木さん**について**、お伺いしたいことがあります。 ❷ このクイズでは、一問**について**１回ずつ、答えるチャンスがあります。
によって	❶ スマホの普及**によって**、新しい人間関係が生まれている。 ❷ 国**によって**習慣が違うから、日本に来て驚いたことがたくさんあります。 ❸ この手紙は、被害者**によって**書かれたものだと考えられます。
をもって	❶ 採用試験の結果は、書面**をもって**連絡いたします。 ❷ 当店は、本日の８時**をもって**閉店いたします。ありがとうございました。 ❸ 賞品の発送**をもって**、当選の発表に代えさせていただきます。
からには	❶ 自分で言った**からには**、ちゃんと実行してほしい。 ❷ 真実を知った**からには**、黙っていられない。 ❸ ここに来た**からには**、もう安心ですよ。
からこそ	❶ あなたのことを心配している**からこそ**、何度も言うのです。 ❷ 周りの理解と協力があった**からこそ**、計画を実現することができた。 ❸ 何も知らなかった**からこそ**、自由な発想を持つことができた。

グループ 7

接頭辞・接尾辞

～語の前後に付ける

接頭辞・接尾辞
語の前後に付ける

お～、ご～

1 基本的な意味

機能 名詞や形容詞の前につけて、敬意や丁寧さを表す

公式 1 ➔ 敬意を表す場合に、相手の所有物や行動、様子に対して「お／ご」をつけます。

- O 先生の**お**荷物は、あちらです。
- O 社長の**お**食事の準備ができました。
- O **お**客様の**ご**様子は、いかがですか。
- O 先生の**ご**結婚はいつですか。
- O 社長の**ご**判断に従います。
- O **お**きれいな**お**召し物ですね。
- O みなさまの**ご**親切に、感謝します。
- O どうぞ**お**幸せに。

公式 2 ➔ 敬意の対象がいなくても、常に「お」をつけて丁寧さを表す名詞があります。
日常生活に密着した言葉であり、女性のほうが男性よりもよく使う傾向があります。

- O **お**茶　**お**酒　**お**菓子　**お**米　**お**芋　**お**金　**お**土産　**お**手洗い

公式 3 ➔（西欧語由来の）外来語には「お」も「ご」もつけません。

O **お**酒	✕ **お**ビール	✕ **お**ワイン
O **お**着物	✕ **お**ドレス	✕ **お**スーツ
O **ご**商売	✕ **ご**ビジネス	
O **ご**経験	✕ **ご**キャリア	

公式 4 ➔ 慣用的に「お～さま（さん）の形で丁寧さを表す名詞もあります。

- O **お**日さま　**お**月さま　**お**星さま　**お**医者さま（さん）
  お客さま（さん）　**お**子さま（さん）　**お**孫さま（さん）

公式5 → 「～ごさま（御様）」の形で丁寧さを表す名詞もあります。

O 親**ご**さま（さん）　甥**ご**さま（さん）　姪**ご**さま（さん）

2 「お」と「ご」の使い分け

機能 「お」は和語に、「ご」は漢語につける（一般的なルールとして）

公式1 → 類義語を和語と漢語で示してみるとわかりやすいです。

O **お**名前……………**ご**氏名　O **お**仕事……………**ご**職業
O **お**所………………**ご**住所　O **お**友だち…………**ご**友人
O **お**年………………**ご**年齢

公式2 → 漢語であり、「する」をつけて動詞にできるものは、「ご」がつくことが多いです。

O **ご**招待　**ご**紹介　**ご**説明　**ご**案内　**ご**発表など

公式3 → 漢語にも「お」がつく場合があり、日常生活でよく使う言葉は「お」がつきやすいと言われています。

O **お**電話　✕ **ご**電話
（通話という意味であり、「電話機」を指す場合は「お」も「ご」もつけないのが普通）
O **お**返事　✕ **ご**返事（類義語の「**ご**返答」は O）
O **お**食事　✕ **ご**食事（「**ご**朝食」「**ご**昼食」などは O）

3 「お」「ご」を使った敬語表現

「お」「ご」を語頭につけて、敬意や丁寧さを表す

❶「お」＋［動詞ます形―ます］＋に なる

公式1 → 他の人の動作につけて、他の人に敬意を表すときに使います。受身形を使った敬語よりも敬意が高いです。

O 先生は２階で**お**休みになっています。>O 先生は２階で休まれています。
O 傘を**お**使いになりますか。>O 傘を使われますか。
O 社長はもう**お**帰りになりました。>O 社長はもう帰られました。

❷「ご」＋［**する動詞の名詞の部分**］＋**になる**

→ 他の人の動作につけて、他の人に敬意を表すときに使いますが、受身形を使う敬語のほうが一般的によく使われます。また、受身形を使うときには「ご」は使いません。

O 社長が今年度の方針を**ご**説明になりました。
◎ 社長が今年度の方針を説明されました。
✕ 社長が今年度の方針を**ご**説明されました。

O 教授が新しい学説を**ご**発表になった。
◎ 教授が新しい学説を発表された。
✕ 教授が新しい学説を**ご**発表された。

O 先生は**ご**安心になったようです。
◎ 先生は安心されたようです。
✕ 先生は**ご**安心されたようです。

❸「お」＋［**動詞ます形―ます**］＋**する**

公式 3

→ 自分が相手に対して行う動作につけて、相手に敬意を表すときに使います。

O お客様のお荷物を**お**持ちしました。
O 何か**お**手伝いしましょうか。
O お客様にお釣りを**お**返しします。

❹「ご」＋［**する動詞の名詞の部分**］＋**する**

公式 4

→ 自分が相手に対して行う動作につけて、相手に敬意を表すときに使います。

O 私が皆様に**ご**説明します。
O 会場へ**ご**案内いたします、こちらへどうぞ。

O 今日のゲストを**ご**紹介しましょう。

❺「お」＋［動詞ます形—ます］＋ください

公式5 → 他の人にある動作をするように、丁寧に頼むときに使います。「［動詞のて形］ください」よりも敬意が高いと感じられます。

※「お」と「［動詞のて形］ください」は同時に使えないので、注意が必要です。

O どうぞ、**お**入りください。 > O どうぞ、入ってください。
X どうぞ、**お**入ってください。

O パスポートを**お**見せください。 > O パスポートを見せてください。
X パスポートを**お**見せてください。

O ご自由に**お**取りください。 > O ご自由に取ってください。
X ご自由に**お**取ってください。

❻「ご」＋［する動詞の名詞の部分］＋ください

公式6 → 他の人にある動作をするように、丁寧に頼むときに使います。
「［動詞のて形］ください」よりも敬意が高いと感じられます。

※「ご」と「［動詞のて形］ください」は同時に使えないので、注意が必要です。

O こちらの番号に、**ご**連絡ください。
> O こちらの番号に、連絡してください。
X こちらの番号に、**ご**連絡してください。

O しばらく**ご**休憩ください。 > O しばらく休憩してください。
X しばらく**ご**休憩してください。

O チケットを**ご**準備ください。 > O チケットを準備してください。
X チケットを**ご**準備してください。

❼「お」＋［動詞ます形—ます］＋だ

公式7 → 他の人の動作につけて、他の人に対する敬意を表すときに使います。

O 社長は大変**お**喜びでした。
O 先生は３時ごろ**お**戻りだそうです。
O 洗濯洗剤は何を**お**使いですか。

❽「ご」＋［する動詞の名詞の部分］＋だ

公式 8 ➔ 他の人の動作につけて、他の人に対する敬意を表すときに使います。

- O 明日は何時頃、**ご**出発ですか。
- O 主演俳優の山田さんは 6 時頃、**ご**登場です。
- O 20 年前の台風のことを**ご**記憶でしょうか。

❾「ご」を使う特別な形

公式 9 ➔ 動詞に「ご」をつけて相手に対する敬意を表します。

- O **ご**覧になります（見る）
- O **ご**存じです（知っている）
- O **ご**存じではありません（知らない）

4 「お／ご」がつく名詞・形容詞一覧

機能 「お」または「ご」をつけた形でよく使われる表現

	いつも「お」がつくもの	相手への敬意を表すときに「お／ご」がつくもの
お	**お**茶 **お**菓子 **お**酒 **お**米 **お**芋 **お**金 **お**土産 **お**手洗い	**お**名前 **お**仕事 **お**年 **お**国 **お**手紙 **お**持ち物 **お**友達 **お**車 **お**写真 **お**電話 **お**考え **お**返事 **お**食事 **お**忙しい **お**美しい **お**珍しい **お**優しい **お**詳しい **お**懐かしい **お**元気な **お**きれいな **お**幸せな **お**好きな
ご		**ご**氏名 **ご**職業 **ご**年齢 **ご**住所 **ご**趣味 **ご**家族 **ご**両親 **ご**病気 **ご**意見 **ご**感想 **ご**希望 **ご**結婚 **ご**出発 **ご**登場 **ご**来店 **ご**注文 **ご**連絡 **ご**親切な **ご**丁寧な

接頭辞・接尾辞

語の前後に付ける

形容詞（イ、ナ両方）の語幹（活用しない部分。「大きい」の場合「大き」）の後について、名詞を作る働きをする

1 〜さ

機能1 サイズ、寸法、速度、重量などを表す

1 どれくらいの大き**さ**ですか。

2 〈美容院で〉長**さ**はどれくらいにしますか。

3 重**さ**によって料金が変わります。

公式1 → 「大きい、長い、高い、重い、厚い、速い」に「さ」をつけます。比較する意味は含みません。また、これらの形容詞の対義語である「小さい、短い、低い、狭い、薄い、軽い、遅い」には「さ」をつけません。

O 画面の大き**さ**は、横 7cm、縦 15cm です。（大きさ＝サイズ、寸法）
✕ 画面の小さ**さ**は、横 7cm、縦 15cm です。（サイズという意味はない）

O A：新幹線の速**さ**はどのくらいですか。
B：時速 200km 以上です。（速さ＝速度）

✕ A：新幹線の遅**さ**はどのくらいですか。
B：時速 200km 以上です。（速度という意味はない）

機能2 形容詞が表す性質・気持ちの程度を表す

公式2 → ほとんどの形容詞につけることができます。前提として考えていたレベルとの比較の意味が含まれることもあります。

O 彼は自分がしたことの影響の大き**さ**に驚いていた。
（影響が大きいということのレベル）

O 彼は自分が頑張ってしたことの影響の小さ**さ**にがっかりした。
（影響が小さいということのレベル）

O 店長はいつも、キムさんの仕事の速**さ**を褒めている。
（キムさんは仕事をするのがとても速いということ）

O 田中さんの仕事の遅**さ**に、ほかのアルバイトも迷惑している。
（田中さんは仕事をするのがとても遅いということ）

2 〜み

機能 形容詞や動詞が表す性質や状態、また、そういう感じを表す

公式 1 → 人の感情や感覚を表す形容詞につきます。

O 簡単な言葉しか使っていませんが、温か**み**が感じられる文章ですね。（読んだら温かい感じがする）

O さっきまで寝ていたのだろう。布団にまだ暖か**み**がある。
（触ったら暖かい）

O いつも同じような内容で、新鮮**み**がない。（新しい感じがしない）

O 蚊に刺されたところは腫れて、赤**み**を帯びていた。
（赤い感じの色になっていた）

公式 2 → 形容詞が表すある状態の場所を表します。限られた形容詞にしかつきません。

O 川の中を歩いていて、深**み**にはまって溺れそうになった。

O 2年前に起こした交通事故が明る**み**に出て、彼は議員を辞職した。

O 二人のけんかに私は関係ないので、高**み**の見物をすることにした。

※ 味を表す形容詞につく場合は、「味」と漢字で書くこともあります。

O 甘**み**／甘味　辛**み**／辛味　苦**み**／苦味　旨**み**／旨味

公式 3 → 動詞の連用形が名詞化したと考えられるものもあります。この場合、感情を表す動詞に限られます。

O 悲しむ ➡ 悲し**み**　楽しむ ➡ 楽し**み**　苦しむ ➡ 苦し**み**

公式 4 ➔「～さ」と「～み」がつく形容詞には、次のようなものがあります。

「さ」のみ	大きい　小さい　長い　短い 太い　細い　低い　浅い　薄い うれしい　懐かしい　さびしい 優しい　厳しい　美しい　かわいい 悪い　よい 親切な　丁寧な　きれいな
「さ」「み」両方	温かい　暖かい　甘い　辛い　苦い 赤い　深い　高い　厚い　重い ありがたい　おもしろい　苦しい　悲しい 明るい　かゆい　痛い　やわらかい 新鮮な

公式 5 ➔「～さ」と「～み」を区別するポイントとして、一般的に、「～み」は形容詞の意味そのもので、「～さ」はその程度を表します。

O 背中に激しい痛**み**を感じた。
X 背中に激しい痛**さ**を感じた。

O 彼は恋人を失った悲し**み**に沈んでいた。
X 彼は恋人を失った悲し**さ**に沈んでいた。

O メニューのマークが一つ増えたら、辛**さ**が２倍という意味です。
X メニューのマークが一つ増えたら、辛**み**が２倍という意味です。

O 野菜の新鮮**さ**では、この店が一番だ。
X 野菜の新鮮**み**では、この店が一番だ。

公式 6 ➔ 程度を表す言葉が前につく場合は、「～み」も「～さ」も使うことができますが、ニュアンスは異なります。

O 我慢できないほどの痛**み**（「痛いこと」に重点がある）
O 我慢できないほどの痛**さ**（程度に重点がある）

O かなりの厚**み**がある本（主観的な感じ）
O かなりの厚**さ**がある本（客観的な感じ）

さくいん

※五十音順

な

は

ま

や

わ

● 著者

氏原　庸子（大阪 YWCA）
清島　千春（大阪 YWCA）
井関　　幸（大阪 YWCA）
影島　充紀（大阪 YWCA）
佐伯　玲子（大阪 YWCA）

本文レイアウト・DTP　オッコの木スタジオ
カバーデザイン　花本浩一

ご意見・ご感想は下記の URL までお寄せください。
https://www.jresearch.co.jp/contact/

くらべてわかる
てにをは 日本語助詞辞典

令和 5 年（2023 年）12 月 10 日　初版第 1 刷発行
令和 6 年（2024 年）3 月 10 日　第 2 刷発行

著　者　氏原庸子・清島千春・井関幸・影島充紀・佐伯玲子
発行人　福田 富与
発行所　有限会社 J リサーチ出版
〒 166-0002　東京都杉並区高円寺北 2-29-14-705
電　話　03(6808)8801（代）　FAX 03(5364)5310
編集部　03(6808)8806
https://www.jresearch.co.jp
印刷所　株式会社 シナノ パブリッシング プレス

ISBN 978-4-86392-601-1